法學院長寫給年輕人的
法學思辨與論理方法

像法律人一樣思考

SHARPENING THE LEGAL MIND

How to Think Like a Lawyer

WILLIAM POWERS JR.
威廉・包沃斯——著

高忠義——譯

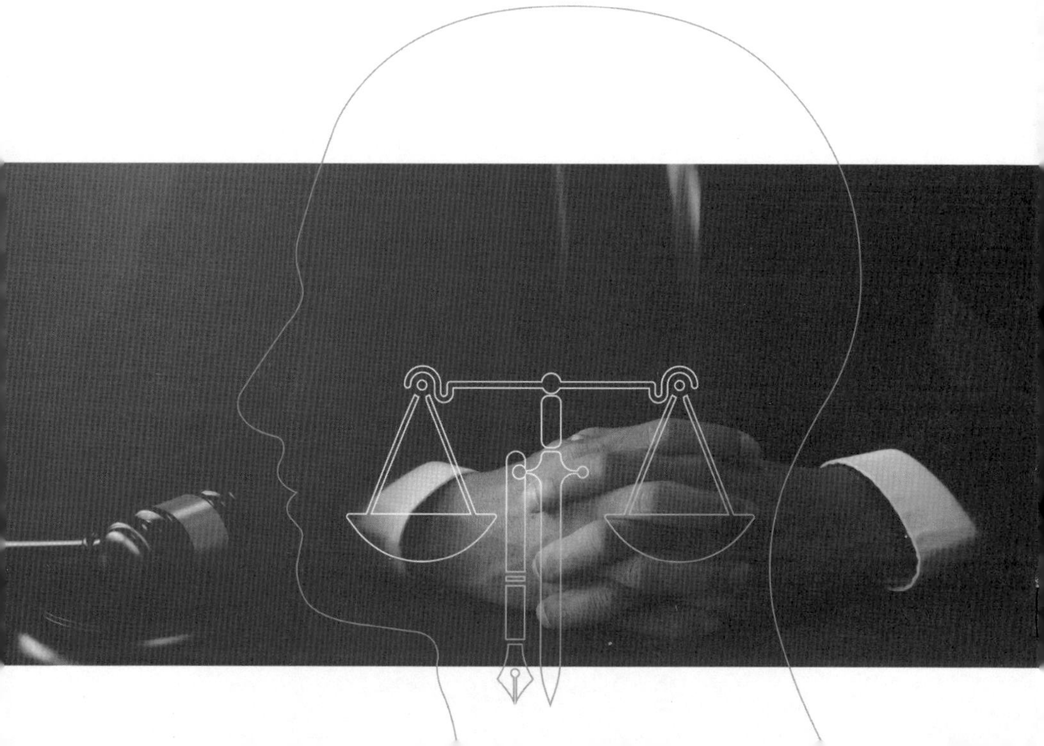

推薦序

推進法學思想更上一層樓

王皇玉

在第一次看到這本書的時候，我非常猶豫要不要接下撰寫推薦序的這個任務。猶豫的原因很多。第一，這是一本非常有分量且法學素養非常深厚的教授的手稿，內容為法哲學，我看了第一章之後，跟編輯說，這是一本「很硬」的書，像我這樣的法律系教授，看的時候都不免停頓思索再三，我覺得大一新生，甚至高中生都不見得可以領會其中一、二；此外，我另一個猶豫是，我的專業是刑事法學，我適合推薦一本法哲學的書嗎？內心其實擔憂被批評跨行跨得太大。但思考了一天，轉念覺得還是幫忙寫推薦序。轉念最主要的原因是，在閱讀這本書時，讓我不自覺得回憶起我的大學生活。

我在大學時，第一次接觸美國憲法課程，授課老師是林子儀大法官，當年他採蘇格拉底上課方式，讓我頗為震撼。我看了這本書才知道，這樣的美式法律教學形式，來自於《理想國》第一卷中，蘇格拉底問：「正義是什麼？」好幾個人聚在一起，以對話方式提出答案。雖然每個人都說出自己的想法，但沒有任何人能夠對蘇格拉底的問題提出讓人滿意的答案，而蘇格拉底也沒有告訴大家正義是什麼。這樣的討論對話，看似毫無進展，卻是有意義的，因為這些對話開放了無限可能，但也讓學生更接近了答案。時隔三十年，我對於很多課程的學習都忘得差不多，但對於林老師課堂上不斷追問的案例，卻始終沒有忘記，例如：政府可以強制機車騎士戴安全帽嗎？可以強制人們在颱風天只能待在家裡，不能冒著風雨去登山、衝浪嗎？

大學畢業時，我曾經一度想去美國留學，最後卻轉了彎改去德國念博士。沒有去美國讀書最主要的原因之一，就是不瞭解美國的判例法體系，以及擔憂英語能力太差，讀不下去。當年的擔憂還包括去美國讀法律，每堂課都必須閱讀大量的判決，並且瞭解判決的事實經過、判決過程與理由，這對英語非母語人士的我而言，充滿不安感。看了這本書之後，心中感慨地想，如果三十年前有這樣一本書的存在，我可以先閱讀而得知著名的「洞穴奇案」有哪些討論的面向；「囚犯困境理論」究竟與哪些法律思考有關；美國侵權法、契約法的學習中，有哪些必讀的經典案例、內容是什麼、重要性在哪裡；美國法上有哪些偉大的法律思想家在什麼案例中提出過什麼見解，以及哪一位大法官在什麼案件中說了什麼經典名句，甚至美國法學發展是如何從傳承英國的殖民地法，開展出今天有別於英國法的樣貌。

《像法律人一樣思考》這本書對於未來想去美國繼續深造的法律系學生而言，有點像思想的百寶箱，也是作者對美國法律思想與各種判決的反思精粹。讀了之後，可以讓美國留學日子好過一點！至於大一法律新鮮人，我也推薦可以花時間念念本書，比較一下美式法律教育與台灣法律教育之不同。對於喜歡法哲學思辨的人而言，我更是大推，因為本書對各個法哲學大師理論的詮釋，更是精闢入裡，具有推進思想更上一層樓的作用！

本文作者為台灣大學法學院院長

推薦序

增進社會對於法學的理解

侯岳宏

商周出版長期耕耘人與法律系列叢書，介紹許多重要法學經典給台灣讀者。為了增加社會對於法治與法學的理解，以及輔助法律人的思考，翻譯威廉・包沃斯（William Powers）教授所著《像法律人一樣思考》（*Sharpening the Legal Mind*）一書。有幸能為此寫序，雖然才疏學淺，考量本書有助於社會對於法學的理解，也義不容辭應允。

在法律科目的教學上，針對初學者，除了傳授法律相關規定的體系與架構，也時常想著要如何使學習者依照法律邏輯思考。在體系與架構的部分，如果以民法為例，在教科書上可見從總則、權利主體、權利客體、權利變動等標題，由抽象概念到具體法律關係進行論述；也可見從私人間買賣、租賃等具體法律關係引導到抽象概念之說明方式。在法律邏輯的思考上，最常討論的應該是法律適用，亦即以邏輯三段論進行討論，思考如何將具體案件事實放置於法規範下，由大前提（法條）、小前提（事實），檢討其結果。就初學法律之學子而言，這些確實是一段辛苦且必經的學習歷程。其中，將條文中之法律要件進行解釋時，在解釋方法論上也有許多討論，此部分是法律適用上最重要，也是法律人最困難的工作之一。

本書作者威廉•包沃斯教授，擔任過德州大學奧斯汀分校法學院院長與同校校長，也教授法理學，著作上亦著重法理學相關問題。本書從「洞穴奇案」這個虛構案件出發，介紹諸位法官的意見書，再從這些意見整理出可以說代表美國最具影響力的三個法學派別：法形式論、法唯實論與法程序學派。從具體案件中引導讀者瞭解法律人的思考後，又進一步對於實證論與自然法、美國各種思想學派進行詳細介紹。內容中，也透過介紹具體案件，引發讀者興趣與思考，用深入淺出的方式，讓讀者瞭解法律人共同的詮釋文化、解釋方法與思考方式。

近年來司法院推動一系列司法改革，為建立專業、迅速而便利的勞動事件特別程序，二〇一八年十一月立法院通過《勞動事件法》，並且於二〇二〇年一月開始施行。依據該法，程序上可由一位法官與兩位分別熟悉勞資事務的勞動調解委員共同組成勞動調解委員會，進行調解。其次，為了讓司法審判更透明，促進國民與法院間的相互理解，立法院通過《國民法官法》，並且於二〇二三年元旦起施行。依據此法，即使沒有法律背景的一般民眾，也能與職業法官一同參與刑事案件的審理。在這一系列改革之下，相較過去，一般民眾參與司法的機會大幅度提高。

在此背景之下，商周出版長期耕耘的人與法律系列叢書，在今後台灣社會將會是重要的法律知識來源。特別是本書《像法律人一樣思考》，應該也是一般民眾在參與各類型司法活動時，理解法律人思考的重要書籍之一。衷心期盼商周出版未來仍能努力不懈，規畫、編著更多人與法律系列叢書。

本文作者為台北大學法學院院長

推薦序

法律論理的異曲與同工

許政賢

法學不屬於自然科學，法律規範往往因地而異，專業知識的共享因而受限，不同地域的法律人難免隔閡。有趣的是，現代科學興起後，在歐陸法系的德國，誕生「法律科學」一詞，並跨越地域的藩籬，主導歐陸、普通法系的法律教育，且使「法律論理」成為法律人的專利，而憧憬「像法律人一樣思考」，於是成為法律新鮮人的志向。

自十九世紀下半葉起，通行於德意志地區的學說彙編學，在法律科學的旗幟下，化身為法學現代化的基礎；同時期普通法系的美國，法學教育同樣心儀法律科學，並在蘭德爾個案教學法的塑造下，自成一套獨特的法學方法。關於歐陸法系的法律科學，John Henry Merryman 曾描述為「科學主義」、「體系建構」、「概念主義」、「抽象化」、「形式主義」及「純粹主義」。換言之，以學者為代表人物的法律人，仿效自然科學以大自然為素材，以科學方法為工具，而以大量法律素材（成文法典、實務先例等）為對象，將其分門別類、區分定義與概念，建構彼此關聯的體系；在運用形式邏輯的框架下，概念趨向抽象化，並因重視規則、原則的描述，而逐漸趨向形式化，且專注於「純粹」法律現象或價值，至於社會科學的理論或觀點，均因非屬法律而遭排除。值得注意的是，上述理念及觀點，藉由法學教育而產生潛移默化的影響，迄今仍在歐陸法系（包括德國、台灣法）主流法學方法論中扮演重要角色。

相對的，在普通法系的美國，於崇尚法律科學的熱潮消退後，基於法官在法系中的主導地位，及解決個案問題的務實特性，對於法律論理的方法，較為側重結果妥適的具體層面，而非執著科學化的抽象理論。但兩大法系仍有共通之處，簡言之，法律人的專業，奠基於以法律劃定範圍，以法學建立學科特性，再以法學方法詮釋法律，並主張法律論理的獨特及完整性。同時，法律人擅長分析技巧，宣稱運用法學方法，進而掌握法律爭點，藉由法律論理解決紛爭，因此，無論歐陸或普通法系，法律固屬異曲，強調方法則屬同工。準此，在兩大法律體系內，似乎各有一套共通的法學方法，成為法律人思考的利器，以供詮釋法律、解決紛爭，但其內涵為何，對於非法律人彷彿謎題，甚至在法律人間亦有爭議。

關於法律論理的奧妙，抽象說明本不易理解，而如以實物世界比喻，似乎較易一窺堂奧。如想像自高空觀察地表，而台灣地貌象徵「法律」，發現台灣的過程，如同法學方法的運用，則隨觀察高度逐漸下降，台灣地貌由模糊的輪廓，逐漸呈現高山、河川美景，終致得以辨識街道、房屋外觀，「法律」似乎無所遁形。如再以三百六十度全方位視野，環繞台灣地貌一周，則視角、景致自然變化多端，令人目不暇給。至於如何描繪台灣樣貌，恰如詮釋抽象法律一般，不僅複雜多端，並因觀察者所處高度、角度不同，所見、所述自然有異。更複雜的是，法律世界並非靜態實物的宇宙，而是動態關係的社會，人際互動產生千變萬化事態，出現多寡不一案例；且人類在不同時代、地域中，因所信奉政治、宗教型態與價值觀不同，致對於「法」或「法律」的信念產生差異。基此背景，無論何種法系，不同學派或理論對於法律的解讀，及所採法學方法的差異，無非回應不同時空脈絡或個案條件的挑戰，以期實現所謂公平正義的理想；而本書所介紹美國法上思想學派變遷，包括法形式論、工具論或法唯實論、法程序學派，及晚期批判法學研究與後現代法理論等，亦無非此種背景的時代產物。因此，所謂法學方法，並無放諸四海皆準、行諸百世不變的單一模式，如此一來，法律問題的解答，是否有所謂「唯一」或「正確」答案，不免啟人疑竇！

茲舉一例加以說明：甲駕車於路口左轉時，因未讓對向由乙騎乘機車（或駕駛計程車）之直行車先行，致乙車撞擊甲車，乙及所搭載友人（或計程車乘客）丙同受損害。就此事實，（一）乙、丙均得請求甲賠償損害（參考民法第一九一條之二），固無問題；（二）如乙有超速行為，致所受損害因而擴大，屬於自己「與有過失」（參考民法第二一七條），甲得請求減輕賠償乙的金額，亦無問題；（三）同上，就乙超速行為，甲得否主張丙應承擔乙的「與有過失」，並減輕賠償丙的金額？（四）同上，如丙為乙的未成年子女，結果有無不同？為解決上述問題，法律人先由法條所構成的體系中，尋求可能的法律基礎。換言之，藉由分析文字所組成的法條，以判斷案例事實是否與特定要件相符，而得發生特定法律效果，此一過程形成法律論理的基礎。

在絕大多數日常生活案例（或許高達九成以上）中，運用往昔裁判詮釋法律的方法，主要為文義、歷史、體系、目的等解釋方法，以選定某種論理路徑或做成特定判斷，此種務實的詮釋或決定方法，成為主流法學方法論的重要工具，試圖藉此獲致清晰的解答，問題（一）、（二）均屬適例。又部分案例稍加分析、論理，亦能獲致高度共識的解答，形成日後類似案例援引的基礎，問題（三）即屬適例。但在極少數案例（疑難或邊緣案例）中，因立論觀點、考量因素，甚至方法不同，法律見解易生分歧，較不易形成高度共識，問題（四）即屬適例。

本書以普通法系的美國法為背景，作者以抽絲剝繭的方式，逐一揭開法律論理的面紗，剖析何謂「像法律人一樣思考」，指出解決紛爭所需之共同方法與標準的價值，且法學應著重在法律論理的架構，而非聚焦於法律規則的內容。同時，本書亦就法律論理或法學方法論的歧見，列舉五大重要議題：法源、形式化、法律與道德的關係、司法與其他體制的關係、法律解釋的模式，相關內容深入淺出、執簡馭繁，無論是否法律人，甚至法理學的專家，均能獲益良多。有趣的是，本書偶爾神來一筆，提及量子力學的重要觀念*，並以極富睿智筆調，基於哲學傳統智慧，援引科學研究典範，闡述客觀真實本體與主觀現象世界的對立光譜，及自發現客觀實在至建構近似狀態的典範轉移，吟唱橫跨兩千多年歷史的動人詩篇，內容精彩生動而引人入勝，讀來令人愛不釋手！上述發展對法律論理的啟發，在於放棄追求所謂客觀真理（法律上本來或唯一正確答案），轉而尋求建構共同的詮釋模式或文

* 相關論述，請參許政賢，科學語境下的法學—淺談量子力學哲學意涵對法律科學的啟示，載：法學的想像：蘇永欽教授七秩華誕祝壽論文集，第四卷社科法學，2022 年，第 155-185 頁。

化，以期在多數案例中達成共識，洞見慧識，俯拾皆是。

個人認為，如將法律與物理世界類比對照，則法律多數案例的情境，差堪比擬為人類尺度世界；前者適用一般法律論理即易達成共識，後者運用古典物理法則亦足解釋萬物。相對的，法律邊緣案例的疑難，猶如量子微觀世界的謎團；前者因方法不同而判斷南轅北轍，彼此各執己見而難有定論，後者適用不易捉摸的量子理論，許多現象仍難以理解。無論法律或物理世界，在多數案例或巨觀世界中，似乎仍表現下列特色：客觀性、確定性、清晰性；但在邊緣案例或微觀世界中，上述特色即遭顛覆：主體與客體難分、不確定性、動態過程取代靜態結構。即使如此，物理巨觀世界所通行無礙的古典法則，雖在微觀世界中毫無用武之地，仍未減損人類在日常生活使用的信心；同樣的，法律多數案例所應用的法學方法，雖在邊緣案例中顯得捉襟見肘，仍未因而遭貶損為一無是處。其中關鍵在於：上述物理法則或法學方法，得以在各自理論架構中結合運作，並呈現一種「實用的信念之網」狀態，此即本書所指實用論（主義）的態度。

值得重視的是，所謂法律人的思考，基於不同的方法論前提，一方面有相異的基礎規則、預設前提與價值，另一方面則有不同相應的方法路徑，亦可能導致判斷結果不同，原本難以定於一尊；但因邊緣案例畢竟屬於少數，即使全盤接受上述方法，在大多數案例中，仍得高度準確預測可能結果，故不宜過度誇大方法歧異的後果。因此，無論歐陸法系的法學方法論，或普通法系的法律論理，在法學發展史上均有各種學派，立論基礎各有不同（部分理論甚至否認有任何基礎）；同時，誠如本書所指出，法律思考的論理本質，並不在於特定案例的學理解答，而涉及分析問題的基礎規則，且須採某種看待世界的知識立場，強調邏輯推理及概念化、形式化，其中既複雜、充滿爭議，卻有必要。重要的是，基於法律人分享共同的詮釋模式與文化，對於大多數案例的判斷，大致得以達成共識，而法律論理位居關鍵地位，亦屬法學教育的核心。

整體而言，本書為一位法學家嘔心瀝血的結晶及寶貴遺產，作者基於對法學教育的熱情，針對法律論理的重要議題，運用深邃的法理學功力，將專業、艱澀的術語，以通俗、淺顯的敘事風格，帶領讀者進行一趟知性之旅，加上譯文通達、流暢，導覽過程令人賞心悅目、獲益良多！尤其作者以深厚的人文素養，結合文學、史學及哲學的豐富知識，兼及科學哲學的嶄新觀點，除飽覽西方思想文化的精髓外，亦展現法學與探索關於人類知識的關係，許多觀點對於法律人深具啟示。

最後，如以一段文字形容人與法律的關係，個人樂意分享：「法律的詮釋：人對正義的回應。」法律詮釋的過程，何以涉及道德、政治理論，何以在不同時空、脈絡中出現不同觀點，無非均屬人對正義的回應。而人所追求的正義樣貌，在時代洪流中，或許業由實體正義（重視個案實質內容），轉移至程序正義（強調制度運作方式），又或許彼此消長、周而復始，但不變的是，它不僅是法律人、亦是人類共同而永恆的課題。本書正為上述註解提供極佳詮釋，凡是法律人或對於正義議題有興趣的讀者，均值得細細品味！

本文作者為政治大學法學院院長

法律人在許多案件，甚至大部分案件都可以達成共識，
因為他們有共同的詮釋文化，而不是因為本來就有正確的答案。

目錄

編者序

威廉·包沃斯熱愛教學。他在德州大學奧斯汀分校（University of Texas at Austin）任教超過四十年，期間擔任過法學院院長以及校長。他尤其關心帶領初學法律的學生進入理念的新世界，認識新的思考方式。本書是其熱愛與關注的展現。法律人如何理解法律，並就法律進行論證，這對法律圈外人來說可能是非常神祕的事。對剛踏入法律生涯的新鮮人來說，法律思想的問題特別讓人困擾，而包沃斯的闡釋揭開了法律的層層謎團。他的目的在於從專業內部開始，深入探討學術性的法律思想，以此解釋法律人如何思考法律，以及法學教授們採取何種方法傳授法律分析的概念與方法。

他主要講授的主題是法理學，這個學術領域包含法律與法律制度的本質、法官在案件裁判中的論理過程，以及法律與正義和道德的關係等等。他以主題式的方法探討這些問題，接著從第五章開始，闡述美國從獨立革命到目前為止豐富的法思想發展史。之後幾章的討論同時闡明美國法理學史中興起的法律詮釋方法，以及引發各種法律問題的社會力量，還有為了因應這些問題而產生的新詮釋學派。對於法理學研究尚不熟悉的讀者和已熟稔的專家們，都能夠從這些討論中受益良多。

威廉．包沃斯在德州大學法學院任職教授，以及擔任法學院院長五年期間，加以擔任該校第二十八任校長期間，均有傑出的表現。二〇〇六到二〇一五年的校長任期，是該校歷任中第二長的，尤其值得一提的是，他對大學部教育進行廣泛的重整，也在他的發起下設立了醫學院，而他堅定維護大學品質與學術價值，抵禦意圖削弱並扭曲學術研究任務的政治干擾。卸任校長職位之後，包沃斯回到法學院全職授課，而他最樂於教授的課程之一，就是法理學。他對這門學科的興趣可以回溯到一九七〇年代初期，那時他還在哈佛大學求學，同時擔任《哈佛法學評論》（*Harvard Law Review*）的總編輯。那時候在哈佛，法理學的主流是法程序學派，那是一場本地發起的運動，由最具影響力的學者與教授在一九五〇年代所建立，而哈佛的頂尖法學生都沉浸在其方法與理念之下。除了法程序學派的方法與概念，他也研讀約翰．羅爾斯（John Rawls）的道德與政治哲學，羅爾斯在這些領域的傑出成就是無人能及的，其卓越著作《正義論》（*A Theory of Justice*）那時才剛出版。包沃斯於一九七二年從法學院畢業之後，最早的著作就是討論法理學的核心問題，而他在之後的著作中也持續論述這些問題。

在包沃斯教授於二〇一九年三月過世之前，已完成了本書的初稿。他的遺產管理人將本書初稿授權給德州大學法學院與該院院長沃德．法恩斯沃斯（Ward Farnsworth），並請我協助準備完稿以利出版。原稿經過德州大學出版社的審核，出版社委託兩位協助評審的外部讀者也做出正面的回饋。然而，它終究是未完成的稿子。就像其中一位讀者表示，讀起來比較像是修潤過的初稿。這位讀者建議做些修訂，而我讀過原稿之後，又找到其他需要修訂之處。由於前面幾章修整過，後面幾章又顯得較為粗略且有些單薄。有幾個地方的解說欠缺一致性，而本書核心論述的西方哲學史上一些重要思想家的概念與理論亦需增補，才能達成闡述的目的。全書也有幾處事實錯誤與引用錯誤。有讀者在報告中已指出這些問題。但其他錯誤可能不是那麼容易找出來，而且可能與本文有複雜牽連，讓修正的工作更加困難。整體來說，我認為改寫以排除這些問題及錯誤，會比過度尊重原文更重要。

修改幅度最大的是第四章與第七章。第四章有個重要內容是法實證論的歷史，亦即從古希臘到二十世紀中漢斯．凱爾森（Hans Kelsen）與哈特（H. L. A.

Hart）的論述。包沃斯依循目前依然流行的觀點，認為霍布斯的論述是近代法實證論的首次提出。然而，霍布斯的理論並不是法實證論，儘管其表面上與十九世紀偉大法學家約翰．奧斯丁（John Austin）闡述的理論具相似性，而奧斯丁的主張是在凱爾森與哈特之前的實證論的標準論述。相反的，霍布斯的理論應該屬於從格勞秀斯（Hugo Grotius）的著作開始興起的近代自然法傳統。近代的法實證論源於邊沁（Jeremy Bentham）的著作，尤其是他對威廉．布雷克史東（William Blackstone）的《英國法釋義》（*Commentaries on the Laws of England*）中所含的自然法理論之批評。因此，我將包沃斯以霍布斯為近代實證論的建立者之討論，替換成對邊沁的相關討論，而且因為奧斯丁是邊沁的學生，我也修改了包沃斯對奧斯丁的討論以顯示兩者理論的共通性。

第七章包含了近代兩種道德哲學的主流學派：功利主義與源自於格勞秀斯的自然法理論。包沃斯對後者的討論著重在盧梭、康德與羅爾斯的道德與政治理論。他論述盧梭與康德著作的部分難以評釋，也難以向對盧梭與康德毫無所知或不甚熟稔的讀者解釋。這兩位哲學家都創造出特殊的詞語用來解釋他們的理論，而要瞭解這種特殊的技術詞語需要對文本有深入理解。為了保留包沃斯論述的重點與核心，我大幅改寫以更加忠於這些著作，並且更清晰地傳達包沃斯希望傳遞的這些作者的理念。基於相同但較不那麼強烈的理由，我也對他有關羅爾斯的論述做了些修改。

在最後一章，包沃斯從法律人用以思考法律的多種方法進行申論，並主張運用這些方法以瞭解法律的不確定性。他有意在接近該章結束之處，透過「加斯梅訴雪菲案」（*Ghassemieh v. Schafer*）此一民事案件，以及大一侵權課程常提出的問題討論，闡述對法律不確定性的理解。但寫作該段落的主題與說明該案之後，他突然停下來，留下有待完成的論述。我加上了有關本案問題的分析，而我相信那是包沃斯心理所想的，但我不確定自己提出的分析是否符合他認為該案在此問題上具有代表性的想法，我也不確定他是否認同我的分析能充分展現他的論點，亦即認為在特定案件中法律人用以解釋法律的各種方法，並無所謂正確的方法。可惜他並未留下任何註記以釐清這些問題。因此我的分析應該視為是為了說明作者在最後一章主張的法律詮釋方法之精神而提出的。

包沃斯並未完成前七章的引註，那些都是之後才加上去的。他在本文中加入註腳編號，但除了極少數的例外，大部分都缺少內容。第八章與第九章甚至沒有註腳編號，雖然本文中包含許多引用材料而需要說明出處。透過曾任包沃斯研究助理的羅拉．莫達諾（Laura Moedano）的協助，我補上了大部分的引註，只有小部分缺漏，同時在第八與第九章增加需要的引註，以及修改原稿的引註。就此而言，莫達諾的協助是不可或缺的，而我也採用了她所提出許多改善原文的建議。我很感激她對這個案子的投入，我也確定作者會感激她的貢獻。我也要感謝米歇爾．博曼（Mitch Berman），他讀過原稿並提供意見。當我承接這個案子時曾徵詢他的建議，而他提出的各項建議有很大的幫助。大衛．拉本（David M. Rabban）也給我關於第五章很有價值的回饋意見，而法恩斯沃斯則針對本序的草擬提供極佳的建議。同時感謝莎拉．熊柏格（Sarah Shamburg）的協助。她在本專案過程中處理組織事務，發揮了難以估算的價值。

威廉．包沃斯的離世是德州法學院與大學極大的損失。透過出版這本書，也就是他對法理學領域最後也最重要的貢獻，協助留存他的遺產，是我極大的榮幸。

——約翰．迪 John Deigh

第一章

「我希望恢復以前的腦袋」

法學院第一年的課程設計，有很大部分是要教導學生學會「像法律人一樣思考」。一年級新生的表定課程很重要，像是侵權法、契約法、物權法、民事訴訟法、憲法，不過在這些學習底下有一個更基本的無形目標。我們希望讓學生學到一套建構法律論理的分析技巧。這麼說有個隱含的假設是：法律人會採用一種獨特的思考方式，從而有一套共同的方法可以解決法律問題。

眾所周知，法學院第一年很辛苦也很挫折，如同我們在《大一生》（*One L*）與《力爭上游》（*The Paper Chase*）這類熱門電影中看到的。造成這種情況的原因很多，其一是採用蘇格拉底式的教學法，讓學生在同儕面前積極解決問題，而非只是坐在課堂上吸收資訊。十九世紀末蘭德爾教授（Christopher Columbus Langdell）在哈佛法學院提倡這樣的個案教學法，主要是希望發展並傳授一種更科學的法律論理方式。[1]而今，這種授課形式被認為有助於學生學習思考。但不意外的，要求學生隨時參與的教學法，即便循序漸進，都會讓學生感到緊張焦慮。大多數法律新鮮人過去只有求學唸書，沒有別的經驗，連生活問題都不曾擔心。[2]很多人也是第一次覺得自己的表現實在不怎麼樣。

然而，還有一個更深層的原因。要像法律人一樣思考，必須採取一種特定的知識立場，強調理性、概念化與形式化，而其可能激起強烈的情緒與智性反應。設想以下的對話：

教授：本案契約是否成立？

學生：我認為要求消費者付費是不公平的。

教授：但我的問題不是那個。契約是否成立？

在這個看似簡單（亦常見）的對話底下，是一種複雜且具爭議性的世界觀。教授的法律立場隱含幾個基本假設，在此只舉其二：一、法律與道德（公平）是不一樣的，應該加以區辨；二、人們的問題可以也應該審酌一套限定的標準（透過適當的法律規則）加以解決，而非考量全部情況。稍後我們會再討論這個簡單對話的複雜性及其基本假設。目前它已足以顯示，要求學生採取這樣的知識立場令人感到不安。暫且不論學生對於個案**結果**有何反應，可以想見要調整學生對問題的**思考方式**就會被抗拒。

有人說，法學教育是藉由限縮思考來鍛練心智。[3]在電影《力爭上游》裡，嚴

格的金斯斐教授告訴他的學生，雖然他們進入法學院時腦袋裡裝的都是漿糊，但是他們離開時都能學會像法律人一樣思考，而他的目標就是鍛練他們的心智。某個法學院的報刊上，有則漫畫的作者從反面加以描述（見上圖）。[4]

重點並不是說學習像法律人一樣思考是有害的。相反的，我們終究會明白它有許多好處，包括鍛練個人的心智。我要講的重點是，學習像法律人一樣思考是一把雙面刃，牽動嚴肅的議題：我們應該如何看待這個世界與其他人，以及如何與之互動。教導學生進行法律思考時我們經常未慎思其中風險，有時會讓學生隱約感到混淆困惑。

教導學生像法律人一樣思考也可能令人受挫。法律學子經常指控他們的老師「藏一手」，意思是老師問了很多問題，卻沒有提供解答。雅典人對蘇格拉底也有相同的抱怨。這樣很討人厭。學生看到的是表象，像是前述對話中教授沒有告訴學生契約是否成立。而教授面對這樣的抱怨，給學生的回答經常是：相對於具體的學理解答，更重要的是發展並運用分析技巧的能力。不過若要說真的有藏一手，也並非表面所見，而是藏在一個更深的層面，其中包含分析的基礎規則。為什麼一位教授會讚賞特定的論證方式，像是關注事實、法條用語，或一個裁判的經濟後果，而對於引據廣泛的概念規則或道德宗教信念的論證解答則不甚滿意？而無論一個老師可以多清楚地指導**學說理論**，卻鮮少明白指示，甚至討論分析背後的**基礎規則**，也就是鮮少說明像法律人一樣思考是什麼意思。

不同課程可能有不同的基礎規則。在某個課堂上，老師要求精準而確切地認識一個糾紛的基礎事實，或謹慎留意法條用語，反而不屑接受引用廣泛的「優先原則」或概念。另一門課堂上則可能恰恰相反。也許在別的課程，社會對具體結果的期望才是關注的焦點。在某些課程，經濟理論似乎是普遍奉行的解方；而在其他課程，則強調以政治理論、歷史或特定的文義解釋來解答。學生實在很可憐，必須在這種變動的情境下學習像法律人一樣思考。

事實上，倡導教學生學習像法律人一樣思考的那些人，對於這句話究竟是什麼意思各自都有不同的見解。甚至有些法學教授對於法律論理**有何**特殊之處抱持懷疑的態度。對他們來說，像法律人一樣思考只是在說場面話。

法學院的課程選擇與教學風格反映了這種見解紛歧的情況。在課堂上被認為好的答案（不只就結果而言，還有推論的形式），很大程度是看教授對於法律論理的基本假設（時常隱而未宣）。當學生抱怨根本不知道教授想要什麼，其實他們比自己想的更聰明。不同的教授想要不同的東西，也就是說他們要求不同的論述方式，因為他們對於像法律人一樣思考有不同的法學假定。有些教授認為法學論理是概念的、形式的，與道德或政治不同。其他人則認為法律分析與道德或政治並不存在有意義的區別。有些教授認為法律解釋就像是文義解釋；有些人則不這麼想。因此，想當然耳，他們對相關素材的選擇，以及他們認為適當的論述方法，都有極大的差異。只有不曉得法學見解紛歧的學生才會對此種情況感到訝異。

並不是每位教授都會有意識地採用一致的法律推理的理論。大部分教授的教學風格多元，反映出對於像法律人一樣思考的複雜觀點。儘管如此，美國的法學教育中有不同的法學思想派別，以不同的方式影響著法學教育者。有些教授堅持依循單一學派，而大部分教授則是選擇性地依據多種論理模式。但終究各式各樣的思想派別會影響我們對於像法律人一樣思考的觀點，而這些觀點也影響著我們如何教導學生。不意外地，在這種理論分歧的指導環境下，學生會覺得學習不易。

像法律人一樣思考的意義

法律人有一套特別的思考方法，其重要性超越法學院的課堂。它與法治理念緊密連結。簡單來說，法治推定「公正無私的」法官依循「外在」的通則，以及「等則等之」（like cases are treated alike）的一般規則對個案進行裁判。正如約翰·羅爾斯（John Rawls）說的，依法治理要求「對於公共的規則予以常態且無偏私的適用」。[5]因此，它與「自由緊密相關」[6]，因為它讓公民可以確認他們的法律義務並據此行事。我們至少必須有一些共同的指標可用以確定法律問題的解決方法，由此才能判斷我們是「依法」被治理，而不是「受人」治理。

現在的法律學子都明白，個人的政治價值可能會影響法律裁判的結果。除非法律人有**一些**共同的方法與標準用以解決法律糾紛，否則法治理念也只是冠冕堂皇的空話。事實上，對於這種解決標準的存在與否抱持懷疑態度的人，確實認為法治理念根本虛有其表。

怪不得美國聯邦最高法院大法官的提名審查程序，著重在被提名人選所提出的法律論理方法。同樣不讓人意外的是，如果我們對於共同的法律論理方法有所懷疑，我們會特別關注候選人的政治觀點。部分爭論的焦點在於，如果法律人真的有一套特別的、共通的思考方式，其有效的程度有多大。就此而言，法律人是「依循」法律，還是「創造」法律？法學院新生對於如何像法律人一樣思考感到挫折，正是法治做為社會互動基礎的爭論之縮影。這兩種現象都反映出法學派別內部與相互之間的競爭。

法學的內容包括檢視像法律人一樣思考的意義。法律人究竟有無一套特殊的法律問題解決方法，抑或他們宣稱的方法只是要掩飾施行政治權力？如果法律人真的有一套特殊的思考方法，它的基礎規則、假定與隱含的價值為何？做為一種「法律哲學」，法學很接近科學哲學、數學哲學、音樂哲學或歷史哲學。就像這些學科的哲學嘗試理解並批判其基礎規則、假定與隱含的價值，法學試著將法律論理的基礎規則、假定與隱含價值制度化並加以批判檢視。

首先，法學是分析法律論理的**架構**，而非針對特定法律的**實質內容**。法律的內容會引發值得關注的社會與政治哲學問題，例如平權措施、墮胎、市場、死刑的道德問題，以及其他諸如此類的議題。事實上，法學院課堂中的許多熱烈討論都是來自對這些議題的不同見解。但除了法律的內容，法律與法律論理的根本架構對於我們看待這個世界的方式具有很深的影響。正是這樣的架構，而非法律的內容，才是法學的主要焦點。

這並不表示法律論理的結構本身不具價值或與法律內容無關。事實上，有個著名的思想派別的主要特徵，就是主張法律論理的**形式**不能與法律規範的**實質內容**完全脫鉤。[7]儘管如此，法學的起點在於法律論理的結構，而非其規則的內容。

做為「法」與「法律」論理的哲學，法學包含大量的內容。為什麼我們應該探討「法律」論理並發展「法」哲學，而不是比方說「刑法論理」與發展「刑法」哲學呢？反過來說，為什麼不是社會組織的哲學，而法律只是其中的一部分？當然，我們確實有這類學科，它們只是承認這個世界可以用不同的方式加以切分，而且這樣的切分是有助益的。但是法學所進行的切分，唯有當「法」與「法律」論理都是充分**獨立**與**完整**的分類，才是有用的。法學（以及法律學派）隱含的主張之一，就是法律論理相對於其他論理形式具有充分的獨特性，可以藉由發展獨特的理論（與學派）加以理解而獲益。另一個主張則是法律論理具有充分的完整性，它不僅是法律的構成部分，若將這些構成部分組合為一個整體亦屬有益。

這個問題並非法律特有的。我們研究人類生命時也可以有不同的焦點，僅僅舉幾個例子，像是分子、細胞、器官、個人、家庭或社會組織。我們沒辦法說這些焦點本身絕對是正確的，而其各自均已發展出有益的學科。與此類似，我們可以聚焦在個案，或聚焦在如侵權法或憲法等學理領域，或聚焦在整個學群如私法或公法，甚至著重在更廣泛的層面，例如社會組織，而法律只是它的構成部分。事實上，法學院的課程反映出一項結論，也就是多個學理領域，例如契約法、侵權法、諸如此類的主題，具有充分的獨特性而能相互區別，但每一個領域內部亦有充分的同質性足以構成獨特的課程。即使在某個學理領域內，例如侵權法，還是可以做出有益的細微區別，例如故意侵權行為、過失等等。

那麼著重在法律論理這樣的分類方法如何具有效益？有兩件事可能讓我們感到寬慰些：法學院已經發展成具獨特性與完整性的大學系所，而律師（法律人）也自成一個「專業」。當然，之所以如此，原因可能在於法律論理的本質以外。社會和經濟因素也可能有助於此。但這多少顯示像法律人一樣思考既與其他的思考形式有**充分的**差異，其內部也具有**充分的**同質性足以做為有益的研究類別。另一個指標則在於，在政治對話中，我們頌揚「法治」，而不是「以契約」或「以社會規範」來治理。法律人不論所屬領域為何，都能利用其特殊的論理方式，使用一套共通的解決法律問題的方法，而這種方法在某種程度上不同於其他學科。

最後，我們或許可以為「法律論理」是一種具有獨特性與完整性的分類這樣的主張提供論據支持。但是現在，重要的是，我們不能只是推定這個主張成立，或將它過度誇大。對於不同法律領域的論理過程可能的差異，我們應該抱持開放的態度。舉例來說，我們不應率爾排除憲法論理可能不同於侵權法的論理。（事實上，目前有些法學理論試圖聚焦在當代更宏大的憲法議題，以建構更普遍適用的法律論理的理論，卻未適度關注各種各樣的私法議題，從而備受挫折。）[8]相反的，我們也不應率爾推定法律論理完全迥異於其他規範學科的論理，例如倫理、經濟、歷史、文學批評、政治理論及其他學科。若是如此，便會阻絕從這些學科得出成果豐碩的推論之機會。此處的問題在於，法律這個學科具有多大程度的同質性與自主性，並且具備自己的基礎規則，而不僅是集合不同的學科，或者是其他學科的衍生成果。的確，法律與道德之間的關係本身就是法學的重大議題。[9]這個問題的解答是我們需要思索的，而非不假思索地加以接受。

雖然教導學生像法律人一樣思考是教育未來法律人理所當然的目標，我們不應理所當然地認為法律論理具有同質性，而能適用在法律的各個不同領域，也不能當然地認為法律論理必然與其他學科的論理迥異。最終，我們可以說「像法律人一樣思考」的某些面向超越學科分類，法律論理的某些面向確實與其他學科的論理不同，但這些主張仍應經過檢視，而非推定接受。簡言之，我們不應以法學架構來解答法學所要檢視處理的問題。

談論法學的兩種觀點

那麼我們應該檢視法律論理的哪些特徵，才能判斷像法律人一樣思考是否具有特殊性，以及若確實如此，其大致內容為何？「正確」的法律論理的基礎規則為何？什麼才算是「有效」的法律主張，以及我們可以從哪裡找到做出那種判斷所需的標準？這些標準是法學傳統，或者奠基於法律論理之外？有哪些未經檢證即被視為理所當然的原則或基礎假設可以支持法律論理？法律論理對於人的本質、社會結構，以及諸如家庭或市場的社會機制有什麼樣的基礎推定？法律論理中隱含著什麼樣的規範價值？或許最重要的，是否有相應的理論可以回答這些連貫的問題？舉例來說，法律論證中是否有特定的有效標準可以呼應有關人類本質與服膺特定規範價值的基本假設？如我們所見，圍繞此等問題所發展出來的特定法思想學派似乎尤其能夠提供令人滿意的回答。正是這些思想學派，而非針對個別問題的解答，對於「如何像法律人一樣思考」的概念，從而也是對於法學教育，具有深遠的影響。同時對我們的法治概念也具有重大影響。

我們可以用兩種觀點來談論法學：其一是由外而內；其二是由內開始逐步向外。就第一種方法而言，我們可以想像有個哲學家面對法律並加以分析。她的傾向是檢視社會的或知識的現象。她的技巧是拆解並理解它們的知識結構。有些法學著作便是採用這樣的觀點。研究倫理、分析哲學、政治科學或社會學的學者可能利用所屬學科的分析工具，從他們自己的觀點來研究法律。[10]這種方法的好處在於能對法律有新鮮的發現，不會因為背景相似而局限眼界。這種方法更能跳脫它想要分析的學科之掌控。而於此同時，風險在於一個非法律人可能煞有介事地批判法律，卻未能像學科內的人那樣充分瞭解法律論理的豐富內涵。

至於第二種方法，亦即由內而外，我們可以想像有個法律人在實踐法律論理的過程中，遇到需要靠知識理性解決的問題。他思索這些問題，可能試圖超越慣性思維，用更好的觀點來看待這個專業本身。有些法學著作採用這樣的視角。[11]這種方法來自法學院內部，還有那些雖然採用其他學科的方法研究法律，但對法律實務相當熟悉的學者。這種視角的風險在於，法律研究者可能會無意識地受制於他本來想要研究的重要假設與論理過程，而較不可能批判他試著分析的這門專業。

這兩種方法同樣面臨如何找到「阿基米德視角」（Archimedian point）[12]的困難，它必須與法律足夠接近而能理解法律，又必須與法律保持足夠距離而能有批判性的視角。我自己採用的方法是盡可能地由法律內部並逐步外擴，向阿基米德視角靠攏。也就是說，我們從法律人（或者更重要的是法學院新生）可能遇到的實際法律問題開始，然後提出一個深思熟慮的法律論理實務工作者可能提出的問題。這種由內而外的方法並非理所當然比較好，但它更能找出法學生在一年級時可能遇到的問題。

然而，不論由哪一個起點出發，建構阿基米德視角的嘗試可能充滿風險。當我們站在法律之外冷眼看著它的結構，我們的立基點何在？我們可能站在其他學科的立場，例如倫理、歷史或政治理論，運用它們的工具來分析法論理；若是如此，我們必須倚賴那些分析工具的妥適性。在探究過程中，我們會想要尋找一個堅實的學科基礎用以研究所有的對象。我們也想要依循柏拉圖的做法，走出洞穴看看事物的「真貌」[13]。基於大多數二十世紀哲學的教訓，我無意嘗試找出純粹中立而堅實的基礎，企盼以此證明法律是正當的或有根據的。我也無意建構層級化的學科結構，主張某些學科比其他學科更「基本」。當我們嘗試瞭解或分析論理規則時，我們永遠無法跳脫規則的制約。我們能做的只是運用我們自己的論理來分析這些論理，而其必然有循環論證的問題。

然而，與特定的規則保持適度距離以便更妥適地觀察它們確實是可能的。我們可以跳脫某個學科走向另一個學科，藉此獲得有關「像法律人一樣思考」的不同視角與理解。這麼做很像莫內描繪盧昂大教堂的多幅作品，可以讓我們對那座教堂有更深的理解，即使沒有任何一幅畫比其他畫更「正確」。[14]法學無法確證某個特定的法律理論是正確的，或者以毫無爭議的假設做為法律論理的基礎。但我們可以透過不同的觀察視角，更妥適地瞭解像法律人一樣思考究竟是什麼意思。

要瞭解像法律人一樣思考是什麼意思，或者要更瞭解法治是什麼，我們需要回顧某些可以做為當代法學論辯的基礎，卻已退流行的「古典」議題。大部分當代的學術著作都是技術性的，而且可以理解都是寫給專家看的。它們通常推定讀者瞭解產生當代議題的歷史論辯。大部分的法學生（以及某些教授）對於這些歷史論辯並不熟悉。瞭解當代法學論辯的智識發展史有助於認識對於法律教育仍有影響力的思想學派，以及解讀當代的議題。舉例來說，若將法學教育偏愛文學理論、經濟理論與政治理論的現象看作部分是源於與反應了前代學者的法學論辯，這種視角是有益的。縱使當代某些法學爭論已超出先前世代已解決的基本問題，但那些問題本身對法律論理仍屬基本議題，而且每一個世代的法律學子都必須重新面對這些議題。所以我們將檢視這段知識歷史的部分過程。

我們可能無法解決有關「像法律人一樣思考」究竟是什麼的各種問題，但是對此討論有更多認識的學生將更能從法學教育中獲益。他們可以更妥適地瞭解與自身有關的課程與教學論辯。他們可以理解自身與法及法律論理的關係，而這樣的關係表面上看來似乎令他們感到困惑。至少，他們也能理解這種論辯的法學遺產。

就此而言，本書可以發揮「精修學校」（finishing school）*的功能，幫助法學生（以及他們的教師與其他法律人）瞭解他們所從事的這門專業的文化。本書也可

* 編按：意指接受傳統學校教育後，做為完成學業的最後階段。

以幫助對法治感興趣，並且想要瞭解法官究竟是「遵循」法律，抑或「創造」法律這個議題的公民，讓他們認識這些議題的相關脈絡與背景故事。然後他們可以提出自己的見解。這些人都是我期待的讀者。

第二章

「洞穴奇案」

教導學生如何像法律人一樣思考，主要是透過要求學生閱讀並分析上訴法院法官的書面意見書。這並非因為這些意見書所包含的論理方式是法律實務唯一（甚或主要）的心智活動。事實上，以律師而言，大部分的時間都投注在不同的知識任務上，例如協商契約、撰擬文件、調查並分析實徵事實、做出有關事務所的商業決定、對證人進行交互詰問等等。法學教育值得推動的改革，例如推展法律診所（legal clinic）*，則聚焦在其他的法律技巧。「學習像法律人一樣思考」指的是一種**特殊的**任務，律師要能夠確定當事人的「法律」義務。上訴法院的意見書就是法官執行這種任務的模式。這些模式會採用可靠的法律資料（如法規、契約或過去的司法見解）並加以運用，以回答在特定情境下所需的法律解答。

在普通法的制度下，上訴法院的意見書本身就是法律義務的重要**來源**——尤其是法學院一年級的課程內容，例如物權法、侵權法與契約法。它們也是法學教育的核心，主要原因在於它們能夠提供知識思考的模式，確認法律的「意義內涵」。這就是像法律人一樣思考的概念所指的具體智性活動。

對於法律的意義或法律的要求，上訴法院意見書並非唯一的法律論理的模式。法律期刊的文章，以及法律事務所內部的意見書亦可做為不同參考模式。然而，上

*譯按：法學院的課程之一，讓學生獲得執業經驗，通常由教授指導，在特定領域為當事人提供無償的法律服務。

訴法院意見書既是法律的權威性來源，也是法律論理的典範，所以它們在法學院課程中發揮雙重的功能。而且它們是容易取得的。

上訴法院的意見書也可以做為解決法律論理爭端的權威見解。法院既然有權解決各式法律爭端，為什麼不賦予他們就法律論理的議題具有創造「法」的權力？事實上，有些法院時而會宣告法律解釋或契約解釋的規則，正是這樣的意涵。不過整體來說，法院並未明確解決有關法律論理本質的重要爭論，因而法官、律師與學者有自主空間可以進行「像法律人一樣思考究竟是什麼意思」的**法外**（extra legal）論辯。[1]

無論如何，裁判意見書是可以輕易取得的範本，在目前的實務中，它們也是法學生探索法律論理的主要路徑。因此，它們可以做為切入點，以此探討法律學子在學習如何像法律人一樣思考時主要面對的問題。所以我們要來看看一份這樣的意見書，以此為起點——儘管它是一個虛構的案件，出自朗．富勒（Lon Fuller）的文章〈洞穴奇案〉（The Case of the Speluncean Explorers）。[2]

本案諸位法官的意見書

二十世紀中葉，富勒大部分的職涯都投入哈佛法學院的教學工作，他也是那個世代美國傑出的法律哲學家。本書將會持續討論他的著作。富勒的思想深度往往蘊藏在其簡潔的寫作風格中。「洞穴奇案」一文寫得直接易讀，卻提出了深刻的問題。我們會以此做為探究這些問題的入口，但其文章值得完整細讀。

這篇虛構的敘事包括在四三〇〇年由紐加斯（Newgarth）最高法院五位大法官提出的意見書。此案是針對四個探險者被困在洞穴二十三天後，殺害並吃掉其中一位同伴的行為遭判死刑所提出的上訴。他們已跟洞穴外的醫生審慎確認過，若無營養補給他們便無法存活。他們彼此都同意用抽籤的方式挑選出一個受害者，雖然被害人在實際抽籤之前又反悔了。這四名被告依據以下法律被定罪並遭判刑：「故意致人於死者，處死刑。」[3]雖然案件事實非比尋常，但大法官意見書中各種主張相互衝突，是我們熟悉的法律論證風格。

首席大法官楚潘尼的意見書主要列出事實，引用成文法並表示「依法本案並無例外，即使同情心讓我們想要寬容陷入此種悲劇的這些人」，主張維持有罪判決。[4]

儘管如此，他主張最高法院應該贊同陪審團與原審法官的意見，建議行政長官給予特赦，而楚潘尼相當確信行政長官會願意這麼做。

金恩大法官也贊成維持原判決。他首先指出，有兩個問題不是他要決定的：一、這些探險者殺害同伴時有無道德上的正當理由；二、行政長官應不應該給予特赦（雖然他確實表示，如果他是行政長官，他會這麼做）。他的角色是法官，只要判斷被告的行為是否受到法律禁止。對他來說，依據法條文義，被告確實「故意致人於死」，這是不證自明的。[5]他表示，其他大法官之所以覺得本案難以解決，只是因為他們不喜歡那樣的結果。但那與他們的工作無關。他們應該釐清案件的**法律**層面，那是法官唯一應該關心的事；而案件的**道德**面向則不是法官應該關心的。

韓迪大法官則表示應撤銷有罪判決，他批評同僚們用「法律條文的簾幕」與「扭曲的推理」掩蓋了一個簡單的人類問題。[6]真正的問題在於紐加斯政府應該怎麼處理被告，這是「實踐的智慧」與「人類現實」的問題，而不是「抽象理論」的問題。[7]政治是一種「人的事務」，不應該用「紙上文字或抽象理論」來治理。[8]我們不應將法律的形式與抽象概念本身當做目的，而應將其視為一種工具，可以依據案件事實加以調整。否則，法律就會變得沒有彈性，與公眾情感疏離，而無法長治久安。有九成的社會大眾認為不應將被告處死，這一點很重要。單憑行政長官的特赦權是不夠的，因為韓迪的一位親友告訴他，那位行政長官是個鐵石心腸的人，他不會特赦被告。

對韓迪來說，楚潘尼與金恩在本案中僵執於形式是選擇性的。雖然他們認為法官依法裁判對於治理的秩序來說很重要，但他們倒是很樂意讓其他政府官員，例如檢察官與行政長官，行使幾乎不受限的裁量權。如果法官同樣基於案件事實審酌常情常理，對社會將會比較好。

大法官福斯特則根據兩個獨立的理由支持撤銷有罪判決。首先，他主張紐加斯的「實定法」並不及於洞穴。實定法「的有效基礎在於人們能夠在社會中共存」，[9]但在洞穴中則無此可能。若無實定法，則探險者處在「自然狀態」。[10]他們並未違反紐加斯的法律，因為一般而言，同意接受治理是法律的契約基礎，而他們自己同意抽籤定生死，即為他們自己創造了另一套法律。他們的行為並非極端異常。每一次決定建造高速公路或隧道都會產生死亡的風險。甚至決定救出那些探險者，也造成十個工作人員在搬動石塊的過程中喪命。那麼那些探險者殺害他們群體中的一人以拯救另外四個人，有何不妥？

其次，福斯特主張，即使紐加斯的法律規範及於那些探險者，他們並未違反法律。他認同應該服從法律，但成文法的意義必須從其目的來探求，而不只是以文字解釋。最高法院已經創設了正當防衛的例外事由，即使成文法的文字並未提到這樣的例外，因為拒絕承認正當防衛並無益於法條目的（嚇阻殺人行為）。與此類似的，只按照法條文義執行並不能嚇阻殺人行為，因為「我們可以肯定，他們對於生或死的抉擇，並不會按照我們的刑法來決定」。[11]立法者不會希望法院執著於法條文字而損害立法目的，就像如果發生意外，父母也會希望女傭「趕緊放下手邊工作趕過來」拯救小嬰兒。

大法官塔丁對於探險者感到同情，但又對他們「駭人聽聞的行徑」很反感，他無法接受福斯特的主張。首先，那些探險者怎麼可能不受紐加斯的實定法所規範呢？難道他們掉入洞穴或是餓肚子了，就不受法律管制？如果有個探險者在洞穴裡達到成年的年紀，難道他沒有依據紐加斯實定法享有的權利嗎？無論如何，最高法院一定受到紐加斯實定法的拘束，即使探險者不是。而大法官福斯特對於自然法的解釋實在顛三倒四，竟讓契約法比殺人的刑法更具根本的重要性。

其次，塔丁主張大法官福斯特引用成文法的嚇阻目的根本無濟於事。嚇阻只是法條的目的之一，另一個目的則是提供應報式正義一種有序的出口。就算把嚇阻當作唯一目的，難道被貼上殺人犯的標籤及被處死的恐懼，不會讓那些探險者至少再多等上幾天嗎？正當防衛例外的標準邏輯並非如同福斯特所主張的，是因為法律目的在於嚇阻殺人行為。相反的，正當防衛例外的理由在於，正當防衛下致人於死的行為並非出於「故意」。如果刑法不應被適用於得出與嚇阻殺人目的不一致的結果，那麼福斯特該怎麼解釋「國家訴法爾強案」（*Commonwealth v. Valjean*），該案主張不能因為肚子餓就認為有理由偷麵包。簡言之，由於無法找出法律背後有「一致且理性的原則」，所以福斯特訴諸這樣的原則有重要瑕疵。塔丁無法接受福斯特的方法論，也無法提出自己的方法論，故對該案不表示意見。

大法官金恩也抨擊福斯特的方法論。雖然福斯特表示遵守歷史悠久的立法至上原則，但他這種尋找法條「漏洞」而依據法律目的加以解決的方法，事實上讓他可以修訂法律。他給法條指定單一目的的做法，如同塔丁所示，忽視了成文法可能有多重目的的事實。或許更重要的是：它們根本沒有任何真正的目的。防制殺人行為的法條反應了對於殺人這種行為的厭惡；想要給予法條更明確目的，就像是「律師主張認證醫師資格的法律是好的，因為它可以提高平均健康的水準，從而降低壽險的保費。這就是所謂過度解釋顯而易見的事」。[12]或許殺人法條的立法者真的擔憂或厭惡吃人的行為。[13]我們永遠沒辦法真正知道他們原本的意圖。如果無法找出立法真正的目的，又如何能夠填補「漏洞」？福斯特的做法讓金恩想到，「有個人啃著鞋子。問他滋味如何，他回答說他最喜歡的是鞋子的洞。」[14]

然而，金恩無法解釋正當防衛的例外抗辯。他只是主張眼前的案件並不涉及正當防衛，所以這項例外抗辯的目的與本案無關。嚴格遵守法律條文會提醒社會大眾意識到他們有立法之責；而如果正當防衛的立法有問題，立法者肯定早已修法。

由於塔丁對本案放棄表示立場，最高法院的意見恰好呈現正反同票，這表示下級法院的判決究竟有效無效懸而未決。

實際上，富勒對這些意見的描寫更加豐富，不只是我們在這裡提到的簡單說明，但即便是概述也能突顯我們在司法意見書中看到的主要論證風格。如同富勒在簡短的後記中提到：[15]

建構這個案件之目的只是為了引導讀者明瞭法理學與政治治理的某些紛歧。這些立論生動呈現了柏拉圖與亞里斯多德時代的選擇問題。或許在我們的時代同樣會浮現這樣的選擇難題。如果本案真能預測什麼，也僅僅顯示所涉問題是人類永恆的難題。

法律實際規定什麼，又應該規定什麼？

透過審理一個簡單且實際的（雖然是虛構的）問題，亦即決定是否確認某個有罪判決，大法官們面對法律論理複雜的理論問題。要裁判正確的結果，必須先決定解決法律糾紛的適當方法。事實上，大法官之間的意見紛歧幾乎都是在方法論。他們對於事實沒有重大歧見。他們確實對於哪些事實具相關性有不同意見，但爭議在於方法本身，而不是事實。大法官們可能對於死刑與吃人的行為有不同意見，但如果按其主張的文義來看，歧見主要在於法官的角色與採取的判斷方法。那麼法官真的有不同嗎？

有一點是一致的，他們都宣稱他們的工作是要「依循法律」。他們對於確認法律意義的方法可能有不同意見，但他們沒有人會認為自己「不遵守」法律。

我們時常以為法官理所當然地應該「遵循」法律，但這個說法本身就是一個法學焦點。我們可能想像有個「法律」制度，身在其中的公職者以他們自己的道德感解決問題，就像部落酋長決定部落的正義。然而，我們的法律制度要求法官與其他行政者及個人都必須服從一套由中央頒布具權威性的法律規範。我們將法律論理的這個部分視為理所當然，並不因此減損其重要性。顯然在洞穴奇案中，沒有任何大法官否認這個要件。我們可能懷疑有任何一位大法官（尤其是韓迪大法官，但其他大法官亦然）足夠睿智而可以不管法律規範做出裁判，但這個問題是關於法律論理的能力與不足。表面上，每位大法官在名義上仍尊重法律。即使韓迪大法官也主張參酌**社會大眾的**意見，而非他自己的道德價值來解釋法律。問題在於法律要求的是什麼，而這就要看法律論理的方法。

如果大法官認為自己的角色是決定要怎麼處置探險者才是「道德正確的」（也就是說，他們將自己視為「立法者」），他們應該闡述並論證探險者應該如何處置的道德問題。法學院的課堂上時常聚焦在這樣的議題，例如特定的侵權法或契約法規則是否符合社會期待。這些論辯時常引發熱烈的討論，尤其如果議題本身頗具爭議性。但它們時常採取法律「之外」的立場來批判法律，而不是由法律的立場來解釋法律。

這一點本身就有爭議。舉例而言，韓迪大法官可能將諸如公眾意見等許多因素視為發生在法律內部的；而金恩大法官則主張它們是外部的。事實上，我們稍後會看到有些法學派認為內部／外部的區分是說不通的。學生經常感困惑的事情就是，某個課堂討論究竟屬於法律內部還是外部的。然而，課堂討論往往毫不避諱採取法律之外的立場對法律加以批判，而這些大法官可能早已做過這類論辯。

除了法律**實際**規定什麼，最熱烈論辯的問題是法律**應該**規定什麼。將這樣的論辯納入法學院課堂，必須採用法律的觀點；或者為了教學目的，儘管它們發生在法律之外，但法律人加以探討是有益的。此處的重點在於，法律歧見還有另一種來源，而這個來源也引起熱烈的法學論辯：暫且不論法律**應該**規定什麼，法官（與律師）應該採用什麼樣的方法以確認法律**實際上**規定什麼（這樣的區別本身同樣可能是不恰當的）？如前所述，至少就判決意見書來看，在「洞穴奇案」中，大法官們的不同意見主要就在於應該採用何種方法。

那麼這些大法官們對於方法有何歧見？至少有五點：一、法律的來源為何？二、形式化的法律應該有多「形式化」？三、法律與道德的關係？四、法院與其他制度之間的關係？五、我們應當如何從法律素材中擷取意義？大法官們對這些議題的歧見並非互不相干的；每一位大法官對於個別議題有其看法，而那又會影響他對其他議題的看法。這一連串的答案就代表了不同的法思想派別，從而影響「像法律人一樣思考」的意義，以及法治的概念。

對金恩大法官來說，法律的來源是正式的立法頒布。我們可以推定他也會承認普通法院的判決或憲法的條文做為法源，因為它們是由正式的政府機關行使其權威所做成。對他來說，不可能從自然、文化或社會目的中找到法律，法律來自政府權威機構的宣告。

金恩大法官適用法律的方法是高度形式化的。所謂形式化的決定，是指一個決策者（這裡指的是法院）遵循某項規則，而並未運用各種可得的相關資訊。該項規則禁止採用其並未參照的資訊。[16]因此，對金恩來說，與法律決定有關的事實只有成文法已經指出的事實：探險者是否「故意造成另一個人的死亡」。他這麼做並不是因為他認為其他資訊無關乎對於探險者的道德處置，或者怎麼判決對整個社會最好。也許探險者是正直的人，若將他們處死會讓很多人難過。或許探險者正要治療癌症。這些事實可能和最終的是非與社會政策問題有關，但法律條文並未指出這些事實。成文法就像一個不透光的屏幕，遮蔽這些因素，法官不得加以審酌。

形式化（formality）不同於任意性（arbitrariness）。一個規則**制訂者**在決定規則內容時可能（也推定）會審酌所有相關事實與政策，才能產出一般期望的結果。但是依照形式化的要求，一旦規則訂定後，它就是決定的基礎，而不是由促成規則的政策來規範決定。規則是不透明的屏蔽，它阻止法官看向促成規則的政策，也阻止法官審酌規則並未明確指定的事實。至於這種方法好不好，甚或有無可能性，我們先暫時擱置這個問題，稍後再討論。此處的重點在於，這是形式化所**期望的**結果。

金恩大法官也主張嚴謹地區別法律與道德。這並不表示法律規範的內容並未時常與道德規範的內容相符。的確，人們希望法律制訂者在立法時參酌道德（或某種規範制度）。金恩主張區別法律與道德，但這不表示道德不像法律那樣禁止殺人行為。但是法官可以也應該在不受道德問題的影響下，**確認**法律的真意為何。如果結果顯示法律與道德有所衝突，那就承認這樣的衝突。那可能是立法者應該修法的原因，但那並不會影響法官對於法律是什麼的解釋。

如我們所見，金恩大法官堅持區別法律與道德，正是實證法學派（positivism）的特徵。福斯特區辨「實定法」與「自然法」時，也是傾向法實證論；前者來自政府權威機關的頒布，後者則源於自然，不受政府作為影響，而與道德密切相關。對於實證法的意義，福斯特自己的方法並未嚴格區分法律與道德，但他仍受實證論的影響而做出這樣的區分。金恩則堅定提倡實證論。

金恩對於法院的機構角色，以及它們與其他政府機制的關係，也抱持特定觀點。法院應該絕對服膺於立法機關。它們應該是消極的，而不是積極的。它們應該尊重立法意志（如果立法者已表明），而非自行形塑法律的方向。很少有其他當代法學議題像司法積極論（judicial activism）*的論辯那樣引起公眾的注意。對於立法機關，金恩堅持法院應維持消極的角色，這一點也呼應對民主的堅持。它也反映了法院與立法機關的職能與專業的根本觀點。立法機關有更好的資源可以蒐集資訊並探詢民意。無論如何，金恩的司法立場反映價值的基礎，也反映政治世界的實然面與應然面。

司法積極論並非只是與立法有關的議題。法官同樣必須判斷法院相對於其他機制應該採取積極或消極的角色，例如行政部門的決定、有關個人生活方式的決定、反映市場交易的決定，以及法院本身早期的裁判。有些法院主張對某些機制採取消極立場，例如立法機關，但對其他則採取積極立場，例如反映市場決定的私人契

* 編按：鼓勵法官無須嚴格遵從司法判例，在判決時考慮個人對於公共政策的觀點以及其他因素，通過判決來保護或擴展與立法意旨不符的個人權利。

約。金恩大法官並未面臨法院立場的問題，而他對於法院應服從立法機關（民主）的主要理由，並不適用於其他機制。所以我們不確定他會怎麼說。

與法院應服從立法的主張有關的一個重要見解是，不同政府機關在我們的社會組織裡扮演不同角色，從而有不同的執行任務的方式。立法機關的角色是**制訂**法律；法院的角色是**解釋**法律，至少在立法機關已經表示意見的情況下。立法機關未明示而由司法機關自行闡釋的事項，金恩或許認為就有法院造法的空間。但我們無法確知是否如此。

楚潘尼大法官的意見與金恩差不多，同樣區別立法與行政的功能。決定是否給予特赦是行政首長的職責，而且是以跟法院截然不同的方法。那並不是法院的工作。

最後，金恩訴諸一種解釋或意義的理論。對他來說，法律的意義可以也應該僅由**文字**本身來理解：這些探險者是否「故意」「殺害」「另一個人」？正當防衛的抗辯是基於「故意」為之究竟是什麼意思，而非基於法條包羅萬象的目的，或是提倡某個社會政策的目的。金恩的方法就是文義論（literalism）。表面看來，文義論不同於形式論（formalism）。文義論談的是意義；形式論則是無論如何都適用文義。

然而，更深層地看，兩種理論是相關的，正如金恩對於司法議題的多數看法。我們稍後將回頭探討這種關聯性。

法官如何解釋法條文字

金恩的法學是由以下幾個信念來定義：實證論、形式論、法律與道德的分別、法院服從立法機關、文義論。如果這些議題是互相獨立的，可以想像會有數十種法學派別；但它們並非全然互不相關。金恩的這些立場也是相互關聯的。就此而言，他的法學觀點以獨特微妙的方式「串連在一起」。

金恩採取形式論與他認為法院應服從立法機關有關。法官應該審酌立法者認為重要的事實，而不是依照法官自己對個別議題的觀點，審酌所有事實後得出他認為正確的結果。應該由立法機關而不是法官來決定是否因為特定的減輕責任事由，而原諒原本屬於「故意致人於死」的行為。為了讓法官能尊重立法的權威，立法機關必須能夠將其權威性的決定傳達給法官。單單考慮效益，就明白立法機關無法自行審酌每個個案的事實，然後個別做出裁判，而且要在制訂規則之前預先審酌各種可想見的事實是很沉重的負擔（實在不可能）。參照特定**顯著的**事實（從而根據其形式本質）的一般性規則，可以讓立法機關制訂出適用在諸多個案的規範。

立法機關可以把它們「真正的」權限授權給法院，或者制訂有廣泛裁量權的標準，例如訂定一個「規則」，**無正當理由**殺人者應給予**適當**處罰。但立法機關或許不信賴法官能做出正確的裁判，從而制訂更形式化的規則以制衡法官。形式化是限制決策者審酌範圍的一種方法，從而限制其運用彈性。這會提升決策者的「忠誠」。

我們可以理解為什麼立法者要訂定形式規則。但為什麼法官在適用這些規則時要採取形式化的方法？這是兩個不同的議題，但它們密切相關。如果法官可以考量規則本身並未觸及的事實、政策與價值，其受限的程度就比較低，而可能破壞立法機關一開始採用形式規則的目的。因此，像金恩這樣相信法官應服從立法的法官，便會希望採用形式化的方法以確保自己遵循立法，也確保他的法官同僚們加以遵循。

這裡的重點不在於衡量形式論的優勢。反對形式論者可能主張它過於欠缺彈性，或者限制只是表面的，因為形式化的規則仍然是可以操縱的。的確，形式論是有爭議的，我們會再適度回頭加以討論。此處關鍵不在於衡量形式論是否適當，而是要瞭解金恩主張形式論與他相信法院應服從立法是有關的。

金恩大法官對於法院應服從立法的信念又牽涉到一個基礎的政治價值：民主。這個關聯性相當顯著且直接：立法機關是民主表意機關。但法學立場也可能以更複雜的方式連結到基本的道德或政治價值。舉例來說，形式化的決策可能提升我們預測政府行為的能力（因為法官只能考量有限的事實），從而透過市場交易促進個人決策。而這反過來顯示法律論理結構偏好市場交易更勝於其他社會組織形式。有些極富見地的法學著作探討了法律論理結構與重要政治價值之間的關聯性。從批判法學研究運動而來的許多優秀作品也揭示了這樣的關聯性，我們稍後會討論。[17] 此處的重點在於，關於各種機制與方法的不同法學立場，可能訴求不同的基礎道德、政治與社會價值。金恩的法學立場反映了這樣的連結：由法院應服從立法的信念所驅動的形式論，從而也是由對民主的政治信念所驅動。

金恩的這兩個信念也與他堅持區分法律與道德有關。道德價值是立法機關要判斷的，而非法院。法院在適用法律時應該只參照形式規則指定的事實，而不考慮與道德判斷有關的各式事實。這兩個信念在某種程度上都倚賴法官嚴格區分法律問題與道德問題的能力。法官必須能夠不審酌道德原則就確認法律規定什麼。即使法律與道德規範重疊，法官仍然必須能夠這麼做。

最後，這一切都與金恩的解釋理論有關。雖然文義論（認為可以僅由文字本身擷取意義）表面看來與形式論不同，但這兩種觀念可以相互增強。形式論限制法官只能調查（形式）規則指明的事實。法官必須在不審酌形式規則制訂的實際考量下，就能辨別這些事實。換句話說，法官在不考量形式規則本未打算由其審酌的要素時，必須可以理解規則的意義。同樣的，為了維持法律與道德的區辨，法官必須可以在不考慮法律的道德概念下，就能確定法律的意義。而文義論能做到這兩項任務。

解釋其他法源時，例如普通法的先例，則會產生其他問題。過去的法院可能主張「規則」也可以進行文義解釋，就像成文法那樣。但如果先前的法院只是對特定事實得出某種結論，文義解釋並沒有助益。我們可能需要別的解釋方法，而且必須避免參酌法官自己的道德觀。

用類似文義解釋的方法來解釋判例是很難想像的。它可能表示只有在相同事實的情況下適用判例，可是新案件的事實永遠不一樣。問題在於，哪些差異是重要的，可以用來區隔不同的案例？並沒有字面或機械性的方法可以得知。或許金恩大法官會主張只有在解釋成文法的時候才區別法律與道德，因為法官必須服從於立法。我們確實不知道他會怎麼說，因為他並未遇到普通法的解釋問題。在此同時，他對法爾強案的解釋超出該案的有限事實，主張其忽略以嚇阻做為例外事由不僅是竊盜案，也適用於殺人案。但是他「區辨」正當防衛適用的案件時，只說本案不涉及正當防衛之抗辯，問題在於是否「故意」致人於死。這樣的說法難供討論。重點在於無論金恩主張用什麼方法解釋案例法，都會影響他對於形式論、法院相對於其他機制所扮演的角色、法源，以及法律與道德之間的關係等議題的法學觀點。

韓迪在光譜上恰好是與金恩相對的另一端。他不像金恩那樣關心法院應該絕對服從立法。然則他並未做出相反的主張，而且如果立法指令清楚且無爭議，他通常也不會拒絕服從。但他認為法院與立法機關是相互配合的，確保法律爭端按照公眾意見與常識獲得解決。如同金恩，韓迪引用人民的意志，但立法並不是唯一可以揭示或表述人民意志的機關。韓迪自己藉由民調來確認公眾對特定議題的意見。至少與金恩相比，韓迪認為法院與立法是夥伴關係，共同建構符合共同價值的法律解決方案。法院與立法機關或有個別獨特性。立法宣告普遍的、一般的規範，而法院將那些規範適用到具體的案件事實。然而，解決困難問題的方法未必截然二分：重點是要達成符合公眾共同價值的結果。

韓迪的方法論是非形式化的。成文法的法律「規則」不能變成一個不透明的屏幕，使法官無法審酌公眾政策或事實。的確，就算有，應該也很少相關事實是法官不應審酌的。甚至從法官的親友處所得到的資訊也是相關的，做出適當裁判結果的標準與立法者參照的標準相似。法律規則並不是對法官的限制；它們是「工具」與「方法」，透過這些工具與方法，法官可以做出道德與政治上正確的判斷。

然而，即使對韓迪來說，法官還是受到某些形式化的限制。在某些議題上，例如公職人員選舉，法院應當遵循確立政府基本規則的形式規則。而且即便在「實際」的議題上，某些事實可能在考慮範圍之外，例如探險者是否捐贈金錢給慈善機構；即使嚴格說來，對於探險者應該受到如何的處置，那些事實並非全然無關。所以對韓迪來說，法律對於審判仍有某些形式限制。我們無須對此加以嘲諷。如果韓迪並非如部落酋長那樣對部族施行個人化的「正義」，他仍屬光譜上形式化的那一端。

韓迪認為的法律來源是公眾意志，它可以直接確認，未必得透過立法機關。法律並不是特定權威機關（如立法機關）說它是什麼就是什麼；從公眾意向也可探知。這一點無須深入討論。此處必須保持謹慎。我們不知道韓迪怎麼解釋警長或公民如何確認自己依法負擔的義務。那個人是否也應該探查公眾意見，或者法院的裁判才具有決定性？整體來說，韓迪向其他官員解釋他的裁判時，他可能是個堅定的形式論者。但至少，如果法官「像法律人一樣思考」，則法律有許多來源，包括常識與公眾意見。

韓迪也不像金恩那樣堅決支持區別法律與道德。法律規則是得出「道德上」正確結果的工具。韓迪並未擁護什麼道德理論，但他相當願意根據自己的道德觀來確認法律的意思是什麼。事實上，他不只訴諸自己的道德，也會探查社會與公眾的看法。無論如何，他不認為法律與道德是完全分隔的。

最後，韓迪的解釋理論迥異於金恩的理論。文字並無清晰且固定的意義，可供讀者僅由文義加以理解。文字是用來達成特定宗旨的。它們是用來建構意義的工具，無法脫離脈絡而承載任何意義。文字與概念本身並無實體，它們是必須實際運用的工具。更重要的是，它們本質上就不準確且模糊。舉例來說，「故意」致人於死是什麼意思？法官解釋這些文字時不會只消極地找尋意義；他們會在特定脈絡下將意義注入文字。

什麼才是正確的解答？

韓迪對這些具體議題的觀點同樣是一個連貫的整體。因為法律不應該是形式化的，所以沒必要不讓法官在裁判時無法考量各種事實。任何相關的事實或政策都是法官可以採用的工具。從而無須嚴格區分法律與道德。法官採用非形式的方法並不會有斟酌道德價值與政策，那些道德價值與政策本身可以被視為是法官可參酌的法律材料。

所有這些都可以用一種制度性的觀點來看，也就是法院並非完全服從於立法，相反的，他們是權力相當的夥伴而共同承擔一項任務：促進共同的價值。立法機關並非確認與提出社會（道德）價值的唯一治理機構。立法機關不必控制法官在裁判時能參照的事實與政策。法官可參酌的事實與價值與立法者相同。這些道德價值並非本來就在法律之外。

韓迪對於制度角色、法律與道德、形式論的看法與他的解釋理論有關。由於無須堅持法官在解釋並適用法律時應避免審酌特定事實或政策，韓迪也無須堅持法官只能透過文字來確認意義。他可以承認，甚至利用文字本身的模糊性與意義的彈性。他能夠審酌各種事實與政策，在文字模稜兩可的情況下為其填補意義。文字應作實用的解釋，並做為實現正義的工具。解釋是一種積極的，而不是消極的過程，是利用文字達成有價值的目標。

最後，韓迪對這些議題的看法可能反映其對社會的看法，以及對特定實體價值的信仰，雖然他並未明確說明。他的方法論給予法官更大的彈性，可以在個案中依據個別需求調整裁判結果。在某種程度上，這麼做讓公眾更難預測法官會怎麼做，韓迪認為個案的正義比秩序與可預測性更重要。這樣的觀點又影響到其他社會價值。穩定性與可預測性可以促進市場交易的私法自治，但韓迪對市場價值並未那樣深信。的確，本案無涉市場交易，所以他可能對契約採取不同的解釋方法。但若將這個觀點推而廣之，他的解釋方法似乎輕忽了對秩序、穩定性及市場的社會期待。

金恩與韓迪大法官對不同的法學議題具有整體性的思考。但後者觀點的結合性更強，而不只是個別主張。

福斯特的法學觀點則介於金恩與韓迪之間。法院與立法機關有不同職責，法院在履行任務時應服從立法。立法機關定義法律所欲達成的目標與宗旨，法院則在個案中以忠於這些目標與宗旨的方式解釋法律。不同於金恩，對福斯特來說，法院執行的並非機械性的任務。法院必須忠於立法意圖、目標與價值，而不只是法條文字。法院不能用自己對社會目標的看法取代立法機關的看法，但它可以審慎調查那些目標以判斷在個案中如何以最好的方式達成那些目標。因此，法院是立法機關的僕人，必須審酌立法試圖達成的價值與宗旨。不同於韓迪大法官，福斯特認為法院不能自己選擇目標、目的與宗旨。因此，法院的工作與立法機關不同。但是這兩個機關都不是沒有思想的棋子。它們需要評估社會目標與目的，只是不能從自己的觀點出發。它們要釐清立法的目標與目的。

就另一個層面而言，法院的角色亦不同於立法機關。法院只在自己的**管轄**範圍內（也就是其職權範圍）就案件做成裁判。洞穴案件超過它的管轄範圍。洞穴只是一個隱喻。可能有很多類型的案件超出法院的實體管轄權，最好留待其他政府部門處理，例如涉及政治問題的案件，或者只要求提供諮詢意見等不受司法審查的議題。在這類情況中，並無需要法院裁判的案件或爭議。或者就像我們稍後將看到的，案件可能因為涉及特定類型的複雜社會問題，而法院並無適當的資源可加以解決。

福斯特的方法比韓迪的更形式化，但又不及金恩。對韓迪來說，成文法並不會排除法官審酌任何事實或社會政策；對福斯特來說，法律確實屏蔽了立法價值與目的之外的價值與目的，它也屏蔽了與立法目的、價值與目標無關的事實。但不同於金恩的方法論，福斯特並未排除審酌各種政策、目標與價值，正如同可以審酌規則的文字。法官仍然可以審酌立法機關訂定法律背後的政策、目標與價值，也可以審酌任何與那些政策、目標與價值有關的事實，即使規則本身並未明示。具體而言，福斯特提到嚇阻的目標，即使法律並未明言。

福斯特的法源是一種混合體。他的論述中提到探險者是在「自然狀態」，而非在「公民社會」，這一點承認了法律可能存在於沒有政府命令的情況下。自然法，如同契約論的道德與政治理論所提出的，可以用來衡量探險者的行為。因此福斯特強調「自然法」的傳統，認為自然才是法源，而非政府命令。不過福斯特並未採取堅定的自然法立場，因為他認為實定法如有適用，就應該取代自然法。

然而，福斯特大法官在接下來的論述中採取「實定法」，他認為法律有不同於金恩及韓迪主張的法源，包括立法機關的「命令」（成文法），也包括命令背後的目的、目標與期望，因為它們會影響社會結構。因此成文法的精神跟文字一樣都是法源。

針對法律與道德的關係，福斯特的立場介乎韓迪與金恩之間。對他來說，法律與道德並非完全相同。立法機關可以制訂不道德的法律，但那仍是有效的法律。有人認為韓迪不會做出他認為不道德的裁判結論。相反的，福斯特可能會。不過福斯特並不認同金恩主張法律與道德截然有別的看法。為了確認法律的意義，福斯特主張必須審酌法律**應該**是什麼意思，至少從立法者的價值、目標與期望等角度來看。福斯特並不會參酌自己的道德價值，甚或公眾明確表述的道德價值。但他確實會探詢立法者的道德目標與價值，以確定在個別情況中應如何適用法律。既然法官必須（或應當）審酌道德價值以適用法律，法律與道德必然是相互交織的，無法像金恩說的那樣嚴格區分。

福斯特的解釋理論否定文字本身可以承載明確、固定的意義，從而可以僅參照文字消極地加以確認意義。法官或任何解釋命令的人都必須超越文字本身而觀注脈絡，包括表述者的目的。這不只是福斯特的「法學」觀點。他提出的例子還包括，就父母對保姆的命令來看，這也是我們如何瞭解語言的通論。

大法官福斯特的解釋方法也不同於韓迪的理論。對韓迪來說，文字是具有可塑性的工具，可以用來達成想要的結果。當然，韓迪應該不像卡通蛋頭先生那樣，認為文字可以用來指稱我們想要指稱的任何意思。[18]但就算文字的意義並非可任意塑造的，其可塑性仍然相當高，而且應該參照讀者的價值、目標與觀點來解決模糊地帶。對福斯特來說，文字是可塑且模稜兩可的，它們的意義應該由作者的價值、目標與觀點來探知。

與金恩及韓迪一樣，福斯特的法學理論各面向是相互呼應的。法律與道德無法全然區別，因為在解釋上讀者必須探查立法者的目標與價值。與此相似，法律不可能全然形式化，因為在適用法律時不可能不解釋法律，而要解釋法律，法官必須探究法律文字並未明確指出的事實、價值與目標。

從上述討論可以得到什麼結論？我們先從一個簡單的問題開始：探險者們的有罪判決應予維持或撤銷？這個例子顯示，法律學子或任何想要像法律人一樣思考的人所面對的任務：對特定的法律問題，什麼才是「正確的」解答？法律規定什麼？而這樣的探問，也導致法學課堂上常見的歧異：確認「正確」的法律解答的適當方法是什麼？像法律人一樣思考究竟是什麼意思？當然這並非唯一的歧見。學生們時常對於其他事實與價值有不同意見。「洞穴奇案」的第一課是：法律紛爭很容易變成法學爭論，也就是有關法律論理本身的爭論。除非我們知道達成結果的正確「方法」，否則我們怎麼會知道什麼才是「正確」的結果？

金恩、韓迪與福斯特各有不同的方法闡釋法律論理。他們對於法律由何而來、形式化、法律與道德的關係、法院與立法機關的角色，以及對於解釋的模式，各有不同意見。他們的答案各成法學陣營，而他們就某些議題的立場，也呼應了他們在其他議題的立場。他們面對的問題是法學的核心問題。他們提出的三組解答（或者說「法學陣營」）約略代表美國最具影響力的三個法學派別：法形式論（Legal Formalism）、法唯實論（Legal Realism）與法程序學派（Legal Process School）。

截至目前為止，我們只是大概描述這些問題，以及其解答所構成的法學派別。我們會在適當時候回頭討論這些問題。此處重點在於法學問題與法學派別未必是從法學外部創造出來的。它們是從事法律論理的實務工作者自然會碰到的問題。它們也是法官與法律人在思索自己的工作時自然會遇到的問題。

我們真的能夠確認法律的目的？

我們已經提出很多問題，但答案是什麼？金恩、韓迪與福斯特大法官明白，要在個案中進行裁判，必須選擇某種方法論。他們各自挑選了認為「正確」的方法。現在我們暫時退一步想。什麼是適當的方法？更重要的是，我們如何解答問題？司法概念中是否有任何內涵支持某個方法論更勝另一個？在我們理解文字的方法中，有沒有任何內涵足以支持特定的解釋方法？在自然法與道德中，有沒有任何內涵支持或否定區別這兩個概念？換句話說，有沒有任何形而上的概念可以找出這些問題的答案？

或者說這些方法論的問題本身，讓大法官們必須做出政治與道德的抉擇？若是如此，誰來做決定？是否應該由每個法官自己做決定，或者由立法機關、憲法或早期的法院來解決這些方法論的問題？法官該怎麼解釋他們自己的方法論？我們有可能找到確切的基礎嗎？有無可能（即使是理論上的）依據堅實的方法論得出法律問題的堅實解答？或者方法論的爭議本身也具有高度不確定性和選擇，以致於法律分析本質上就只能在變動的基礎上進行？不管理論解答如何，實務上顯然法學教授對於方法論有不同意見。這種變動且未經分析的基礎，讓學習像法律人一樣思考變得更困難。

我們回到塔丁大法官。就某些方面來看，他是最有趣的大法官。他看到問題。

他應該根據法律而不只是自己的衡量來裁判案件。但在他確定法律的內容之前，他無法完成這項任務。可是當他聽完同僚的意見之後，他無法確定誰的方法最適當。他如何追求真相？決定探險者的命運是法律無法推卸的責任，但除非它採取一種方法，它才能做出裁判結果。但每一個大法官都對其他同僚的意見提出很有道理的批判。如果無法確定方法，他又如何能合理地做決定呢？

塔丁提出有關法律論理的一個根本問題：像法律人一樣思考是否有一個堅實的基礎，若是有，標準何在？它們是道德的、實證的或形而上的？更重要的是，如果沒有，我們會走向何方？法官應該停止審判嗎？我們應該停止進行法律論理的論述，直接承認我們就是在做生死的抉擇？或者我們應該就選擇「我們的」方法，雖然有歧見，但就這樣繼續下去？喪失最基本的信念是否會導致停頓？就許多方面來說，不僅在法律上，這都是我們這個稱為後現代、自我反思的時代的核心問題。哈姆雷特應該熟悉這種難題吧。

「洞穴奇案」的多數讀者，其中包括許多像富勒那樣的卓越人才，可能都會贊同個別意見書的某些部分。每份意見書都有讓人認同之處，雖然我們最終可能偏好某種方法。我們是否相信韓迪大法官那種隨心所欲的方法？我們能否容忍金恩那種看似無彈性的方法？福斯特真的能夠確認法律的「目的」嗎？然而，如果我們無法確切地判斷像法律人一樣思考究竟是什麼意思，法律的基礎永難穩固。法學有一項任務就是要判斷法律（從而是法律論理與法治概念）的堅實基礎。如果做不到，我們能否接受不確定性？我們稍後會再回頭討論這些問題，在此之前必須先探討其他諸多問題。現在，我們應該嚴肅看看塔丁的無力選擇：如果我們不能確定該如何判斷，我們為什麼要先做決定？

在「洞穴奇案」中，我們從法律的內部觀察法學的核心問題。從要達致的結果來看，我們很快面對的問題是：像法律人一樣思考究竟何意？我們也看到對於這個問題至少有些言之成理的思想學派。不讓人意外的，我們會看到這三個學派對於像法律人一樣思考的意義有重大影響，從而對法學教育也有極重大的影響。以下將更詳細地探討這些議題。

第三章 法律的特徵

我們來看看一些有趣的法律輪廓，以及它們對社會組織的影響。這麼做並不是要對法律做出周延的定義；第四章將探討這種定義的可能性。現在我們只要理解法律的某些結構性特徵，而它們會影響我們如何思考法律。

多數人提及法律的第一個特徵，是強制性。闖紅燈會被開罰單；殺人會被關進牢裡；每個人都應該繳稅，以及其他諸如此類的規定。法律時常強制我們做一些我們本來不願意做的事。然而，如下一章所示，強制並非法律的**必要**特徵。有時候法律會給我們選擇的機會，例如立遺囑或參加合夥。從而，法律的顯著特徵是其**經常**具有強制性。但法律是否始終且必須有強制性，仍有爭議。

第二個結構性特徵是法律時常具有我們在第二章提到的那種形式性。法律規則並非根據可能影響規範性決定的全部情況所訂定。[1]有個微不足道卻具教育意義的例子，是法律要求我們看到紅燈要停下來。它的立法目的是要保護我們與其他駕駛的安全。它讓我們相信其他駕駛看到紅燈會停車，從而便利交通。但在適用這項規則時，我們並不會考量道路安全的各種因素。我們不會看對向有無來車。我們不會問抵達目的地有多重要。這些因素在權衡安全與便利時都是相關因素，但紅燈規則只挑選其中少數因素。事實上，它只看一個事實，也只考量一個事實：紅燈了嗎？

一旦規則確立，就屏蔽了產生這個規則的原因。

並非所有法律都是形式化的。有時候我們會採用非形式化的法律標準，例如在人身傷害案中要求行為人必須盡「合理的」注意義務。這個標準並非**全然**非形式化的。它不容許我們審酌行為人道德上的正當性，但也並未排除相關資訊。如同第二章所示，法學方法的形式化有高有低。稍後我們將檢視為什麼我們希望法律制度的形式化或高或低。此處的重點在於，法律**時常**採用形式化的規則。

法律的第三個特徵是權威性。法律往往要求個人服從，而非自行其是，且通常採用形式化且具強制性的規則。服從通常是對一個中央權威，但並非總是如此。有的制度要求人們服從上位者的判斷。實務上，我們的法律制度往往要我們置中央權威（立法或法院）的判斷高於個人判斷。因此這項特徵也可以被視為是中心化（centrality）。

馬克斯・布羅德（Max Brod）是法蘭茲・卡夫卡（Franz Kafka）多年好友。卡夫卡過世後，布羅德手上握有卡夫卡許多未出版的手稿。卡夫卡留下明確指示，要他燒毀這些稿子。所幸布羅德無視這樣的指示，想辦法出版這些作品。有趣之處在於，布羅德覺得有必要寫篇後記解釋為什麼他無視卡夫卡的心願。[2] 其中有套理由強調布羅德相信卡夫卡的真意並非如此。卡夫卡的其他行為表現似乎與真心想要燒掉自己作品是不一致的。而他的另一套解釋是，若尊重卡夫卡的遺願，不啻是文學界的重大損失。這或許是權威化與中心化的反例。布羅德最終並未尊重卡夫卡的遺願。但值得注意的是，布羅德覺得有義務加以解釋。一般規則期望我們尊重作者就特定問題的意願，而布羅德的決定則是例外。他的後記證明了這種「服從」的觀念有多強大，讓人覺得有「遵守」他人決定的義務。

我們可能還會想到其他法律特徵。客觀性難道不是嗎？確定性呢？對於美好生活的各種不同看法保持中立？或許是吧。但法律可能具有的這些特徵是有爭議的。我們必須後來才能確認法律是否達到這些目標。但強制化、形式化與權威化（中心化）是法律顯然的特徵則像是一個描述性的問題。它們是現在就確定的。

形式化、中心化與強制化

為什麼我們要接受並遵循法律？為什麼我們要放棄自己的決定權，服從一個形式化、中心化、強制化的命令？好處不少，但也有許多問題。這些好和不好的法律面向有些是實務面與技術面的，有些則是情感面與存在面的。檢視這些面向不僅有助我們理解法律的社會角色，亦有助於理解法律系學生在學習如何像法律人一樣思考時可能產生的情緒反應。[3]

服從形式化、中心化、強制化的命令，最主要且明顯的效益就是有助我們預測他人會做什麼。而這又有助於我們規畫自己的事務以追求自己的目標。如果國家強制人們履行契約，我們可以據此追求自己的商業利益。如果我們知道國家會保障我們的財產，我們可以信任所有權並投資生產。舉個一般的例子，如果我們無法確定自己的車子明天還是不是自己的，我們會去加滿油箱嗎？或者如果我們無法信任十字路口的紅燈會讓車子停下來，綠燈時我們敢過馬路嗎？

就提供可預測性來說，形式化尤其重要。在非形式化的標準下，難以預測其他人會怎麼做。如果只是告訴鄰居要合理對待我們的財產，我們無法確定他們（或法院）會認為怎樣做是合理的。也許對他來說，當我不用車的時候，借用我的車子是合理的。如果交通規則是謹慎行進，我們也難以信賴路口的車會停下來。形式化的規則，像是財產的「所有權」或紅燈停綠燈行，讓行為的預測容易許多。

泰德．透納（Ted Turner）瞭解形式化的價值。他買下米高梅（MGM）公司，從而獲得龐大的舊影片庫可以在他自己的電視台上播放。他決定將一些黑白老片轉成彩色，在電視上播映時會更有吸引力。這麼做在藝文界與電影界引發軒然大波。於是國會自然決定要舉辦聽證會，確認國會是否需要介入採取行動。

通常每一個參與聽證的議員都會做冗長的開場陳述。我們該怎麼處理這個複雜的問題？一邊是收視者的權益，他們想要在電視上看到彩色電影。另一邊則是有人呼籲保護經典黑白電影的「完整性」。如何權衡這些利益？後來委員會的主席轉向透納問道：為什麼你有權將這些電影彩色化呢？

透納本可用利益衝突的複雜分析來回答。我們如何平衡這些利益，衡量所有事情？但他採取不同戰略。他只是回答：因為我想這麼做，而且那些影片是我的。[4]形式化的所有權很簡單、可預測又有效率。採用非形式化的方式，審酌所有利弊得失，則很費力。就定義來說，形式化可以減少我們做決定時所需的資訊量。這就是形式化能提高可預測性的原因。並不是說我們必須認同透納的意見。那只是突顯形式化與非形式化的差異。

形式化有助於可預測性，權威化（或中心化）與強制化也是。中心化確保只有一個規則。如果每個人都制訂自己的規則，我們會不知道要適用哪一個。而強制化讓我們更相信其他人也會遵守規則。

中心化的形式化規則還有第二個優點：讓生活更簡單一些，因為它減少了我們做決定所需的資訊量。我該開哪一輛車去工作？我家車道上那一輛，還是鄰居車道上那一輛？哪一輛車耗油量最低？哪一輛車最好停車？哪一輛開起來特別順手，或者維修最便宜？我可以每天早上都想一遍這些問題，或者我只要遵守簡單的形式化規則：我只有一輛車，別無其他。藉由減少做決定所需的資訊量，形式化規則會更容易適用。

這樣的規則也有助我們分攤艱難決定的責任。如果有個學生要求我放棄寫期中報告或期末考的要求，我可以冗長地解釋寫報告或考試長期而言會讓他變得更好。或者，我只要簡單地說，這是大學的規定。當亞伯拉罕將要殺死以撒的時候，他可以告訴自己，那是上帝要他這麼做的。當然，由此也產生另一個問題。我們不會希望永遠都用服從權威來逃避責任，儘管有時候這種說法確實很方便。我們時常會遵從社會或法律規定，從而表示某些決定不是我們的「責任」。

服從形式化、中心化、強制化的規則也讓我們可以避免錯誤。乍看有些奇怪，因為形式化反而限制我們利用相關資訊的機會，而這有時候應該會造成錯誤的決定。的確，是有這種可能。但它在重要層面上也幫助我們避免錯誤。個別決策者或許私心想保護自己的利益。陪審員可能太投入個案，而無法適當評估傳聞證據，或者不符合米蘭達警語的自白，或者某個本應做成書面的契約。當奧德修斯將自己綁在船桅上，他就是不信賴自己在賽倫女妖歌聲影響下會做的決定。所以他把自己綁起來（但最後徒勞無功）免得做出自己會做的決定。超市購物者列出清單，禁止自己購買清單品項之外的東西（可能被氣氛影響而想要購買的東西）也是同樣道理。

個別的決策者也可能根本無能為力。對於地下水裡特定化學物質所造成的影響，我們知道什麼呢？當我服從美國環境保護局制訂的形式化且強制化的規則，我就更可能得到正確的答案，因為技術上而言環保局的人有更豐富的知識。

除了無能為力與偏私，我們可能無法信賴特定決策者的價值觀。我們可以讓所有人自行決定要開哪一輛車，但我們可能擔心有些人就是自私的賊。我們愈不信賴特定的決策者，愈可能想要採取形式化、中心化與強制化的規則來約束他們以避免錯誤決策。

在這些情況下，形式化和中心化是互相效力的。如果我們確定想要有個權威的決策者，例如環保局的專家，那麼若環保局不頒布形式性規則，可能難以決定每一個案件。只是告訴人們要「保護」環境並無法達成目的。由環保局來決定每個狀況也負擔太重。

中心化的規則制訂也可能更有效率。一個決策者必須蒐集各種資訊。有時候這很容易，就像自問是不是很餓、要不要吃東西。但在其他情況，我為了做決定而需要的資訊可能相當複雜，例如是否接受某種醫療。要每一個人自己蒐集所有資訊是很沉重的負擔。由一個中央機構來蒐集這些資訊，可能是藉由舉辦聽證會或進行研究，而後制訂規則將結果轉傳給每一個人，這樣有效率多了。

有時候我們會基於某種政治理論而賦予中央機構特定權限。畢竟根據民主理論，多數人（或許透過立法機關）具有政治正當性而可以做出特定類型的社會決策。或者我們可能相信君權神授。

中心化與形式化的規則可以藉由設立角色與慣例來提高產能。棒球的規則並不只規範球員的行為，也決定整個比賽的方式。這些規則並不會阻止人們打棒球；它們建立起實際的行為模式讓人們會打棒球。樂譜也有規則，它創造出一種模型讓人可以產出音樂。規範企業設立的法律規則、規範遺囑與信託運用的規則、創造背書轉讓票據的規則，以及規範締約事項的規則都創造了慣例，為個人帶來機會。我們也有法律規則是關於個人在法律體系中的角色，例如法官、受託人、合夥人與監護人。誠然，創立這些角色的法律規則約束擔任角色職位者的行為，但是規則也創造了角色本身。若沒有法律規則，個人根本沒有機會擔任那樣的角色。這些規則創造了機會。

想想眾所周知的囚犯困境理論。[5]兩個賊被逮了，分別在不同的房間接受訊問。警方試圖讓他們互相咬出對方。如果一個背叛同夥，另一個沒有，那麼前者會獲得獎賞，獲判較輕的刑；後者則會被判較重的刑。如果兩相背叛，個別的刑度會比只有自己背叛時高，但比只有對方背叛時輕。如果兩個都未背叛，那麼刑度會比只有一方背叛或兩人都背叛時輕，但比只有自己背叛時重。他們都知道這套計算方法。左頁表格顯示可能的結果。

由於囚犯被隔離無法彼此溝通，而個別都想要較輕的刑度，因此對個別來說，理性的選擇就是背叛。背叛是理性的選擇，因為個別都必須在他認為對方會怎麼做的基礎上想想自己該怎麼做。對方會閉緊嘴巴，還是背叛？無論哪一種情況，囚犯都知道如果背叛對方，會獲得比自己保持沉默更好的結果：正如表格結果所顯示，其中一種狀況他可以獲得免刑，而另一種情況則是五年刑度，而不是最重的十

表 3.1　囚犯困境

		第二個賊	
		沉默	背叛第一個賊
第一個賊	沉默	3 年 3 年	0 年 10 年
	背叛第二個賊	10 年 0 年	5 年 5 年

年。最終結局就是如果兩個囚犯都做出合理的選擇，將會比都做出不合理的選擇更糟。

如果他們可以互相溝通就不同了。他們可以締結有拘束力的合意，雙方都保持沉默。這樣的協議在效果上等於制訂了一個規則，如果他們被逮，而警方想要讓他們互咬，則雙方都會遵守約定，也知道對方有義務遵守。因此得到的結果會好於隔離下獨自做出的選擇。這就是許多法律規則所要做的。規則讓個人可以採取預先承諾的策略，而這麼做對他們是有利的。

法律結構也創造出慣例讓個人可以追求高於自己的目標。如同亞里斯多德的名言，人類是政治的動物。我們不能只靠自己發達，而是要參與更大的社群。法律結構創造出社會參與的儀式，例如總統交接或檢察官宣誓就職。法律結構也創造出有助於個人表述其價值的社會角色，例如擔任教師、社工或創業家。規則界定這些角色及其慣行模式，卻未必總是有法律效力的。但它們時常是有法律效力的。無論如何，它們代表我們生活其中的世界的中心化特徵。若沒有這些角色與其慣例，我們只是孤立的個體。

中心化的社會結構會影響形構個人角色的力量。我們可能想要吃健康的食物，但也明白在特定環境中很難這麼做，例如在麵包店。我們想要組織和架構這個世界，讓我們可以避免這些影響。我們想要改變孩子的教育歷程，讓他們可以變成特定類型的公民。在自由放任的社會無法達成那樣的目的。這就是盧梭在《愛彌兒》（*Emile*）一書中的觀點。[6]列寧主張無產階級專政也有類似這樣的想法，但最終這種主張造成國家衰亡。[7]不過還是有些好的形式可以建構社會環境，增強個別公民擁有令人滿意的特性。

形式化的概念也有助於更有效地組織我們對於這個世界的理解。在〈不祥之事〉（Tu-tu）[8]這篇優秀的文章中，阿爾夫·羅斯（Alf Ross）描述一個原始部落居住的島嶼，島上人民在遇到諸如有人闖入聖地等各種情況時，創造出一種稱為「不祥之事」的觀念，從而也產生各種結果，例如那個人會被禁止進入食堂、禁止參加集體討論，諸如此類。我們可能覺得那是虛構的，甚至是迷信。根本沒有不祥之事。但我們會發現我們的法律制度也經常做這樣的事。因為各種不同的情況造成我們認定某個人對某個東西具有「所有權」，由此就產生了許多後果。「所有權」的概念跟「不祥之事」一樣都是智性的造物。但那是很有用的造物。

假設有十個情況導出所有權（或不祥之事）的結論，而所有權（或不祥之事）又造成十五種不同的後果。若沒有這個中介的概念，我們需要描述一百五十種不同的關係。加入所有權的概念則可以將關係的種類減少至二十五種。那是很有用的概念。日常用語中會有這些概念。法律時常也會創造出這樣的概念，好比所有權、忠實義務、背書轉讓。最終，法律的這種功能可以化約為可預測性。減少我們必須記住的關係，讓這個世界更容易被預測。

我們已經討論過可預測性的一些好處，但在西方政治思想中，可預測性有其重要之處：我們對自由的堅信。藉由可預測性和明確界線來界定我們的自由，中心化、形式化和強制化的命令可以讓自由更加可貴。如果能確切地知道我的言論自由的範圍，我就可以更有信心地行使言論自由。[9]

這樣的描述並不全面。此處重點在於法律制度的這些結構性面向（中心化、形式化、強制化）本身都有人們想要的結果。有關法律制度的論辯大多聚焦在其內容。我們的累進稅制是否足夠，或者還不夠？我們的環境法夠不夠用，或者它妨礙了經濟發展？以及諸如此類的問題。學習像法律人一樣思考的新鮮人同樣在學習具有這些結構性面向的法律制度，無論其具體內容為何。我們之後會花更多時間加以評論。

法律在社會中的運作方式

上述討論聚焦於法律論理結構的優點，但它們也有缺點。形式化的規則無法完美反映出做成這些規則的原則。我們可以稱之為「配對錯誤」（mapping error）。當一個機車騎士遇到紅燈但路口沒有其他車子時，避免事故的原則就不適用，但規則仍要求他必須停下來。這並非不相關的副作用。形式化可以創造出人們想要的可預測性，卻也是造成「錯誤」的原因。但為了可預測性，騎士在紅燈時「浪費掉的」時間可能還是值得的，不過在這樣的個案中，規則仍然屬配對錯誤。所有形式化規則都像這樣。防止詐欺條例規定某些契約必須以書面做成，讓契約更加可靠，但在有些案例中口頭證據也非常可靠。那可能就會出現配對錯誤。

形式化的規則也會讓我們停在過去。一項規則在通過當時可能是很有道理的，但價值觀會隨時間改變。我們對於未來的預測時常最終顯示是錯誤的。所以當我們在後來適用規則時，可能無法得到期望的結果，這可稱之為「守舊錯誤」（freezing error）。

向法學院一年級新生介紹法律論理時，這兩種錯誤很重要。討論時常採用某個十九世紀的案例，卻試圖將之適用於二十或二十一世紀的環境。最有名的就是「麥裴森訴別克汽車案」（*MacPherson v. Buick Motor Company*）。[10]麥裴森先生向經銷商買了一輛別克汽車。車子的輪胎有瑕疵，而製造商早該檢查出來。這個瑕疵造成意外事故，麥裴森太太因此受傷。有個十九世紀的案子「溫特巴頓訴萊特案」（*Winterbottom v. Wright*）[11]判決認定，在維修驛馬車的過程中，有過失者只對驛馬車所有人負責，不包括乘客或路人。其理由在於維修者與乘客或路人沒有「契約關係」。如果該案的規則適用於麥裴森案，麥裴森太太就不能向製造商請求賠償。麥裴森先生與經銷商有契約關係，但與製造商並無；而麥裴森太太則與經銷商或製造商均無契約關係。

這是典型的守舊錯誤。溫特巴頓案適用的規則是基於當時最常見的交易是面對面的。到了二十世紀初的麥裴森案，更多的商業是透過複雜的經銷制度來進行。而當然，家人為彼此購買商品是很常見的。在大法官班杰明．卡多佐（Benjamin Cardozo）的意見書中，法院實質上放棄在知名判例意見中已成為法學教育標竿的契約原則。我們在第五章會更詳細檢視他的論證。它突顯出法律分析架構的守舊問題，以及有個具魄力的法官願意加以修正。有人試圖為形式化規則做更好的辯護時，卻可能選錯案例造成更多問題。二十世紀中葉，哥倫比亞大學法學院對法律規則抱持懷疑論，而麥裴森案是他們基本教料的重點內容。

先前我們提到個人可能有偏私或欠缺技術上的專業能力，從而在個別決定中可能犯錯。因此我們想要由那些不會偏私或者更有能力的人為眾人做決定。但是偏私與能力的問題可能會反向作用。在集中的官僚體制下，決策者可能有自己的偏私。他們可能更重視自己的工作或分配的預算。他們可能有特定的政治觀點，與該領域的大眾不同。他們可能不在乎個案的特定情況。就像個別公司可能低估排放汙水對環境造成的影響，環保官員可能低估法規對生產力造成的影響。任何法律制度都面臨一項挑戰，就是如何找出特定領域最好的決策者。我們可能同意某家餐廳的老顧客更懂得如何挑選和決定自己想吃什麼，但那不表示像美國聯邦航空總署官員這類中央管制者，是制訂航空交通管制規則的更適當人選。不過還有許多個案是介於這兩個極端之間。有關政府規制與市場決定的論辯時常就是這樣。在法律原理的論辯中，時常可見如何找出最佳決策者的問題。

舉例來說，侵權法的責任歸屬是討論陪審團或法官是否應該裁判人身傷害案件中特定事項。陪審團可能有偏私，通常可歸因於他們對受害者的同情。然而，法官也有偏私，往往歸因於他們偏重整體的司法制度及其對經濟產生的影響。所以我們的侵權規則有個重要任務，就是判斷對特定問題而言，哪一種偏私比較妥適。

我們之前已討論過像所有權這樣的中介概念，可以減少我們必須明瞭的關係，從而簡化我們對複雜問題的思考。但這種方法是雙面刃。一旦我們指出某個概念，往往就傾向將其實質化。我們不只將它當作有用的思想媒介，還傾向認為它是「實在的」，我們會用固定的意義來描述它。但如果我們認為用以描述某個概念的文字具有固定的意義，就可能造成守舊錯誤。

法律的強制性也有負面影響。它可能直接損害自由與自治。甚且，如果法律權威落入不對的人手中，它可能會讓法律變成一種危險的工具。不久遠的歷史上，我們就看得到強制性、中央集權式的法律制度，在暴君的手上可能造成災難性後果。

而且我們可能會習於那樣的暴政，形式化有利暴政延續，因為它屏蔽了規則未指出的事實或價值。這也包括評估法律制度所需的基本事實與價值。形式化地適用規則可能造成盲目與習慣性服從。

我們也看到形式化的權威讓我們逃避責任。當然，如果我們必須為每一個行動承擔責任，我們很可能會瘋掉。有時候我們確實有權說，做決定不是我們的職責。但如果我們太習於這樣的藉口，可能會對於必須為自己的行動負起最終責任感到麻木。形式化可能掩飾了事實。如同沙特提醒我們的，亞伯拉罕不能說上帝命令他做，就免除他殺死兒子以撒的責任。最終決定服從上帝的人，是亞伯拉罕。[12]

形式化也會造成疏離。形式化規則只考量少部分事實，無法顧及整體人類。一九六〇年代大學校園T恤流行印上一行字：「不要折疊、拉扯或損毀。」這是指學校用來管理學生分數的電腦卡。它的訴求在於學生不只是分數。在某些關係中，我們尤其覺得應該完整投入。我們應該「交心」。對家庭關係來說，如果我們不關心家人的整體情況是不對的。不論婚前協議有多大功效，似乎都與雙方締結關係的本質背道而馳。與此同時，我們並不想要所有關係都是交心的。如果每次我們進到超市，結帳人員都要問我們全部的生活，那會很奇怪。我們大部分時候都只想要用最快的方式結帳。重點在於形式化可能造成疏離，而**有時候**這看起來是不適當的。

希臘神話有個主題是阿波羅與戴奧尼索斯的區別。[13] 阿波羅偏重大腦思考，他是控制性的、理性的，而且是個人主義的。他是伊底帕斯，獨自深思，解出史芬克斯的謎題。他是形塑世界的造型藝術之神。戴奧尼索斯則是醉醺醺的、不理性的、感性的，而且群體的。阿波羅是超越的。他與世界及群體分離。戴奧尼索斯則是屬於物質世界的，他是世界與群體的一部分。希臘人瞭解這兩種姿態。法律最終較接近阿波羅式的，這點有好有壞。這就是學習像法律人一樣思考的過程中，可能需要犧牲很多的原因之一。法律影響了像是可預測性與配對錯誤這類實際面向，但它也觸及更深刻的問題，例如我們與社會和世界的關係。我們稍後會回頭探討這個議題。

所以法律的內容及其基本結構都會影響社會互動。有些結果是好的，有些則不然。最終我們得到什麼呢？我們可能經整體判斷與權衡利弊之後，認為某些形式化、中心化、強制化的法律結構是好的。但我們不需要全有或全無結論。形式化、中心化、強制化在生活某些領域中可能是人們想要的，但在其他領域則不然。在某些領域，我們可能非常珍視可預測性，例如經濟活動與財產投資。然而，在其他領域，可預測性可能不是那麼重要，例如依據個案事實判斷交通事故的責任。或者，在孩童監護案件中，配對錯誤可能非常重要，但是在交通法規中就不是那麼重要。形式化的疏離面向在非面對面接觸的交易中可能完全可以接受，但是在家庭生活中則不行。所以不讓人意外的，法律是折衷的制度，某些方面相當形式化、中心化且強制性，但在其他方面則不然。

甚且，個別法律內容的形式化、中心化或強制化的程度也有不同。舉例來說，過失法（Negligence law）會問一個理性的人在特定情況下會怎麼做。這是非常不形式化的標準。有些法律規則可能完全沒有強制履行的機制，從而使其僅具訓誡功能。或者可能有法律標準將權限授予個別陪審員，降低制度的中心化程度，例如環保局據以做出最終決定的環境標準。

如同我們在第二章所見，不只法律標準有不同的形式化。解釋法律的方法論也有形式化程度的差異。大法官金恩比福斯特更形式化，而福斯特又比韓迪更形式化。

甚且，形式化特徵的邊際利益與不利益可能因個案而有差異。如果我們處在高度不確定的狀況，增加形式化從而提升可預測性，可能有很高的邊際價值。隨著這個世界的可預測性變得愈來愈高，即使大幅度增加可預測性，可能只帶來少許的邊際價值。相反的，在已經有許多深度接觸的社會中，由形式化制度來審判所造成的疏離程度可能較低。但如果社會已經非常疏離，增加形式化從而使關係更加疏離，造成的邊際損害可能更嚴重。

綜合考量這些因素，可能就會得出一個折衷的制度，採用在特定領域「最適」量的法律。這很大程度上取決於價值與情況變動的速度、可預測性的重要程度、配對錯誤的後果有多嚴重，以及其他非法律機制如何規範我們的文化等等因素。那表示我們會有的法律制度就很像是我們目前既有的折衷制度。

這些因素同樣適用於哪一種方法最適合法官採用。或許在某些時代，我們希望採用更形式化的方法，但在其他時代則否。或許非形式化的方法在我們無法忍受配對錯誤的領域是較適當的，例如施行死刑。或者在快速變動的年代，我們可能希望採用非形式化的方法以避免守舊錯誤。在可預測性更重要的年代，我們可能希望採用更形式化的方法。這些問題無法以簡單的算式來解決。我們在探究這些問題時應該抱持開放的心態。此處的重點在於，我們看見了法律的某些結構性特徵，以及它們如何影響法律在社會中的運作。

法律是一種艱難的抉擇

對這些議題感興趣的不只有法律人。這些問題遍及我們整個文化。想像梅爾維爾在《水手比利．巴德》(*Billy Budd*) 中對這些問題的論述。比利是「上帝的天使」。他被帶離一艘商船，加入英國皇家海軍。他很快樂，也深受維爾艦長與其他水手的喜愛。他確實對於人生無憂無慮，只是隨遇而安。他被分派到艦上最高的駐守位置，擔任前桅哨兵。他的敵人約翰．克萊加則是警衛，在底層船艙工作。克萊加是深謀遠慮的人，對生活有很多擔憂。他不實指控比利散播謠言，涉及謀畫叛變。當比利從維爾艦長那裡獲知此事並與克萊加對質時，卻退縮無語。他有口吃的問題，所以無法為自己辯護。幾乎是無意識的，他突然揮臂打死了克萊加。這麼做很明確違反海軍軍令，維爾艦長宣布：「他是被上帝的天使打死，但天使仍須吊死。」[14]為什麼要吊死上帝的天使？

審判的場景設定在維爾艦長的會議室。從舷窗看過去，我們彷彿在維爾艦長的腦袋裡。克萊加的屍體在一邊，而比利被壓制在房間另一端。我們可以想像艦長的心裡有兩個互相衝突的想法。要維護海軍軍令，還是保護天使比利？畢竟，比利並無意殺害克萊加，是克萊加不實指控比利。適用法條文義將比利吊死是極不公平的，但正逢戰時，而且最近才剛平息兩場叛變。這實在是難以抉擇的情境。

維爾艦長告訴軍事法庭的成員，他們應忠於國王的正義，而不是自己的正義。「難道我們佩戴的勛章是要我們效忠自然而非國王？雖然大海是不容褻瀆的自然，雖然這是我們身為水手的行動之地，但縱使我們在這個自然領域，我們是國王的人就要做該做的事。當我們接受任務時，我們就不再是自然的自由行動者……我們宣誓承擔的責任是：無論〔國王的〕法律在適用上多麼殘酷無情，我們仍然必須遵守並加以實踐。」[15]比起中心化、形式化與守舊錯誤這些用語，維爾說的話更加詩意，但他指的就是這些概念。他引用軍徽主張中央權威。他訴諸法律而非正義，正是訴諸形式化以及法律與道德的區隔。

一如這部小說所示，梅爾維爾關心法律結構的運作。他的岳父拉穆爾・蕭（Lemuel Shaw）是麻州十九世紀初與中葉極為傑出的法官。[16]他在調和法律原則與勃興的工業化經濟需求上有很大貢獻，他運用彈性的、政策導向的論理以達成那些目的。在一起奴隸逃跑的案件中，他不得不將脫逃的奴隸送回給主人。[17]據稱梅爾維爾與蕭在晚餐之後討論了這類問題。[18]這些問題就是《水手比利・巴德》的主題。

無論法律人或非法律人均有所感。

《水手比利・巴德》突顯我們討論過的一些議題。有什麼地方比起戰時的軍艦上更需要秩序、紀律與可預測性，尤其是剛剛經歷過叛變？但吊死上帝的天使是奇怪的配對錯誤。我們都知道那個俊俏的水手並不會真的引發叛變。

這部小說超越這些現實的考量。它清楚呈現了在社會生活中施加形式化、強制化、中心化的法律秩序時，更重要的面向。比利是前桅哨兵，而克萊加則是在底艙工作的守衛。比利一生隨遇而安。他是很單純的人，不隱藏任何事情。他有孩童般的快樂。他不奸不詐，沒有任何權謀。他代表一種純真的存在方式。相反的，克萊加則時刻籌畫算計。他隱藏自己的過去。他詭計多端而且很會操縱人事。他與這世界是疏離的。比利是戴奧尼索斯式的存在；而克萊加則是阿波羅式的超然存在。諷刺之處在於比利其實站在比船艦更高的船桅上，而克萊加則隱身在船艦內。

希臘戲劇的睿智之處部分即在於同時肯定人類心理有分屬阿波羅與戴奧尼索斯的面向。[19]唯有平衡這兩個面向，我們才能過著健全的生活。維爾艦長認為他必須抉擇。他無法調解這兩個面向的衝突，而這一點讓他至死都無解。他的臨終遺言就是有關水手比利。[20]

這樣的對立常見於西方文學與哲學。尼采在《悲劇的誕生》（*Birth of Tragedy from the Spirit of Music*）中也提到這一點。[21]古典主義相對於浪漫主義也是如此，前者的內涵是形式、秩序與理性，後者則強調實質、活力、自由與情感。威廉・布萊克（William Blake）將老虎與羔羊並列也是如此。[22]詹姆斯・庫柏（James Fenimore Cooper）的《皮襪子傳奇》（*Leatherstocking Tales*）同樣是這個主題，故事中的法官與納蒂・班波（Natty Bumppo）是互補的。[23]我們居住在水泥叢林的都市裡，很容易嚮往未受破壞的自然。但是在紐約上州地區的野地，法官透過在野地中建立秩序而自得其樂。《緊急追捕令》（*Dirty Harry*）這類電影中也呈現出這樣的主題，在該劇中主角必須跟官僚對抗以實現正義。[24]

電影《現代啟示錄》（*Apocalypse Now*）[25]是根據康拉德（Joseph Conrad）的小說《黑暗之心》（*Heart of Darkness*）[26]改編的，劇中善用這樣的衝突對立。一開始，我們看到古板拘謹的官員在戰事方興未艾之際喝著茶。他們虛假又裝模做樣，很不討喜。隨後跟著寇茲，我們離開這種虛假的文化，進入了自然世界。我們從古典主義進入浪漫主義。乍看之下似乎是令人愉悅的，我們看到勞勃・杜瓦（Robert Duvall）飾演的角色在發動直升機攻擊之前受難，之後隨著攻擊行動推展，直升機裡播放華格納的音樂。接著，沿河而上，離文明世界更遠之後，一切變得不再那麼吸引人。寇茲拋棄任何與文明秩序有關的東西。其中一幕頗具啟發性，寇茲的茶几上出現弗雷澤的著作《金枝：巫術與宗教之研究》（*The Golden Bough*）。[27]此時，那種拘謹又做作的文化似乎更吸引人了。

在《一九八四》中，我們看到集體機制的壓迫。[28]但是當我們看到齊瓦哥醫生步行穿越被大雪覆蓋的俄羅斯草原時，個人主義似乎太孤單了。[29]在《戰爭與和平》（*War and Peace*）裡，皮埃爾認為他可以透過理智的探尋找出生命的意義，他研究一個又一個智性上的「主義」，但當他在原野中被拿破崙的軍隊俘虜時，他從一個農民那裡明白，生命的意義就在日常生活中。[30]

在卡繆的《工作中的畫家》（*The Artist*）中，主角花了幾週的時間試著將一幅畫修得更完美。[31]當他過世時，朋友急忙查看他完成了什麼作品。但他們很失望，因為他似乎只畫出一個字，還分辨不出到底是「孤獨」（solitaire）或「團結」（solidaire）。對了，亞當與夏娃在「墮落」之前，與自然及上帝是在一起的。但因為吃了蘋果而獲得知識後，他們對這個世界知道得太多了，從而與上帝分離。他們變成會思考、有理性、有自覺的人。我們得到只能從彌賽亞（或基督）而來的應許。在中東的神話裡，吉爾伽美什（Gilgamesh）必須在智慧的珍珠與人性之間做出抉擇。[32]他選擇了人性。

在沃克．柏西（Walker Percy）的《影迷》（*The Moviegoer*）裡，主角對人生擔慮過多。[33]有一次，他在火車上。他有許多煩憂，包括是否該跟他的表親一起逃走。他不斷自言自語，左思右想各種難題。他注意到火車上的其他人都在嬉笑、聊天、享受當下。為什麼他無法如此？他對這個世界思慮過多已經讓他與這個世界疏離了。於是他自問：真是眾人皆醉，唯我獨醒嗎？或者恰好相反呢？[34]克萊加可能也問了相同的問題。但比利從來不會明白的。

這種對立的主題在我們文化中隨處可見。那是理解世界與彼此的兩種姿態。我們可以像阿波羅，或者可以像戴奧尼索斯。我們可能是比利或克萊加。法律論理要我們在這種二分法中選邊站，從而充滿風險。

法律要我們在各種特徵之間做選擇，像是可預測性和配對錯誤。除此之外，法律也要我們在各種人生立場之間做選擇。所以當法學院新生面對一個假設的問題時，要做何種解答可能攸關重大選擇，而其風險比表面看來大得多。如果問學生，是否應該強制一個貧窮的寡婦履行一份看起來條款對她極不公平的契約，這是要學生對人生採取特定的立場。上帝的天使應該被吊死嗎？這是讓人不愉快的選擇。那不只是實際上很困難，還讓人心很糾結。世故的法律人與法學教授可以得心應手，但是對許多法學院新生而言，這是全新的領域。

一個觀看索福克里斯創作的悲劇的雅典人，很難抉擇該贊同像伊底帕斯這樣獨來獨往、自立自強的英雄，還是要認同合群的、傳統的團隊。[35]該劇的設計就是希望提供一種情感宣洩的體驗。面對法律秩序與同情個案正義之間艱難選擇的法律新生，正如悲劇觀眾那樣。如果這就是從希臘悲劇直到今日的西方文學給人的體驗，那麼法律新生對此感到掙扎難道會讓人意外嗎？

有多少契約法的教授能走出他們的課堂，看看伊底帕斯的觀眾呢？

第四章
法律與道德：實證論與自然法

大法官金恩、韓迪與福斯特對於法律「是什麼」有不同意見。法律的來源為何？它是我們在自然中「發現的」，或者只是人類創造的？我們如何定義它？我們能否不參照法律的道德內涵，亦即它是否為「善」，而加以界定？更廣泛地說，「法律」與「道德」之間有何關係？它們是同義字嗎？還是完全不同的規範體系？或者它們之間的關係更加複雜？

金恩認為法律完全是人造之物。政府機關說法律是什麼，法律就是什麼。他無疑也承認立法之外的法源，例如早期法院的見解，或者行政機關的規則。但無論如何，法律是政府詔令的產物。它是人類創造之物。那不是我們在自然中發現的東西（當然，除非我們認為人類本身是自然的一部分）。

對金恩來說，法律與道德完全不同。這樣的概念影響他主張法律意義的方法：法官應該只看政府公布的法令，而非他自己或社會的道德價值。如果紐加斯的法律要求是不道德的，應該由立法加以變更，而非法院。成文法怎麼說和它應該說什麼，是完全不同的問題。為了確保法官堅守這樣的區別，他們不應參照立法用以表述法律文字以外的材料。參酌「公眾意見」或模糊的立法「宗旨」（像福斯特的做法）就會不小心走入「道德」領域，而那不是法律。所以法律是什麼與法官應該怎麼做是相互關聯的。

對韓迪來說，法律與道德並無分別的界線。成文法的文字是達成「適當」結果的「工具」，而適當結果則是根據公眾意見而來（而且想必是韓迪自己的觀點）。道德是一種法源，如何提供個案糾紛最佳解的其他規範思想亦然。當韓迪探查公眾意見或任何其他規範來源以得出「正確的」結果時，他並未走出法律領域之外；他只是利用可以用來判斷法律為何物的無限內涵之一。與金恩一樣的，韓迪對於法律是什麼與法學方法的觀點是相關聯的。

福斯特的看法則複雜許多。在他的意見書中，他主張紐加斯的法律在洞穴裡並不適用，所以當事人已經回返「自然狀態」。「自然法」的法源獨立於人類法律之外。但是在自然狀態被公民社會取代之後，自然法就被人類法取代了。我們稍後會回頭探討這些問題。

就我們現在的目的而言，福斯特的論證更值得關注。即使依據紐加斯的殺人法，那些探險者吃人的行為並不是算是謀殺，因為它與成文法嚇阻的目的無關。福斯特並不認為法律與道德相同。他不認為法律實然面與應然面的問題是相同的問題。立法可能悖離福斯特認為正義的結果，但他仍會加以履行。不過法律與道德並不是截然二分的。在解釋立法的意義時，福斯特探究的不只有立法文字，還有立法的道德目的與目標。

為了確定法為何物，法官需要評估**立法者**（而不是法官或上帝）認為法律應當如何規定。「實然」與「應然」，以及「事實」與「價值」並不能截然區分。探查法律制度的目標與目的，就是在探究「法律」，因為那些目標與目的就是法律的一部分。或者，還有另外一種解釋：由於法官必須探究那些目標與目的以確認法律是什麼，這些（道德）目的與宗旨必然屬於法律的一部分。所以對福斯特來說，法學方法與法律是什麼是相關的問題。

法思想學派

有關法律的來源，以及法律與道德的關係，上述三種立場大致定義了三種思想派別。金恩的立場是所謂的「實證論」（positivism）：法律純粹是人類（政府）的造物，與道德完全不同。[1]做為一種哲學立場，它與其他學科的方法論一致，要求謹慎分析表面的行為，無須「創造」表面之下看不見的神祕力量。心理學的行為學派就是一例。[2]

韓迪的立場則被稱為「實用論」（pragmatism）：法律是政府用來促進社會利益的工具。它的內涵並非只有道德，也不排斥道德。實用論傾向達成符合社會利益的結果。為了達成這樣的結果，在確定個案的法律內涵時必須關注公眾的意見，因為社會不會排斥能促進其利益的任何結果。因此，人民的偏好也是強調實用論的法官在確定法律內涵時應該留意的。實用論做為一種哲學立場，近似於功利主義，主張在判斷正確的行動或政策時，應該探問所有利益受影響者的喜好。[3]

福斯特的立場則是一種「自然法」。法律「就在」自然世界中，不需政府制訂律令。也就是說，法律存在於自然本身，不需要人類採取任何行動。它可能是上帝銘刻於自然之中。福斯特論證的第一部分就是類似這樣的觀點，他論及自然狀態下的法律。一個法官可以主張這樣的「法律」並適用它，而無須參酌立法律定。或者立法制訂可能悖於自然法，而根本不是法律。這套理論必須解釋法官如何確認自然法的內容。通常是透過運用理性[4]，但也可能是透過啟示。[5]

福斯特在其論證的第二部分提出可稱為「新自然」法的立場。法律並不存在於自然本身，或者甚至沒有政府制訂律令也能存在，但法律也不是全無道德目的。因為如果成文法的文字本身曖昧不明時，法官必須參照立法（道德）宗旨才能確認立法期待。

法律人與哲學家長期以來皆致力探討法律與道德的關係。法官與律師必須判斷適用法律時應審酌哪些因素，但這通常並不明確。今日的法學生似乎不太擔心這一點。如果你問他們法律是什麼，他們通常會回答說：「就是我們在法學院學的東西。」這樣的說法很像大法官波特．史都華（Potter Stewart）對於什麼是硬調色情（hard-core pornography）的看法：他可能無法定義它，但是看到它的時候就認得出來。[6]今日的法律學子大致上說來是實證論者。他們善於從（外部）道德觀點批判法律，但他們不會主張那不是法律。

然而，哲學家時常希望對法律做出嚴謹的定義。法律是一門獨立的學科，或只是道德、政治或經濟的分支？無論如何，幾世紀以來實證論與自然法之間的論辯是法哲學的核心問題。[7]我們現在要更詳細地加以討論。

自然法的傳統有兩個基本派別。其一主張道德價值源於自然，通常是來自上帝。[8]乍看之下，這是一種道德規範的主張，與法律制度無關。根據這個理論，道德是在自然中被發現的，通常是透過自然理性的作用[9]（或者也可能透過啟示）；

它不是人類創造的。其二則是法理學或法理論，主張法律制度的法律與自然法的道德原則相同。[10]換個方式說，如果人類試圖制訂悖於道德的法律，那它根本就不是法律。

這兩種自然法傳統（倫理與法理學的觀點）通常是共存的，但未必需要如此。一個人可能相信道德是在自然中發現的，甚至是由上帝創造的，但人類的法律則是完全不同的。或者相反的，有人可能相信道德全然屬於人類創造或文化創造的，而法律完全與其一致。這是法理學版本的自然法，亦即主張法律就是道德（無論道德來自何處）。

我們無須研究各種自然法的理論，只要關注歷史上重要的倡議者：西塞羅[11]與斯多噶[12]、胡克爾（Hooker）[13]、格勞秀斯（Grotius）[14]、普芬多夫（Samuel Pufendorf）[15]、洛克（John Locke）[16]，以及特別是阿奎那（Thomas Aquinas）[17]與威廉．布雷克史東[18]。

自然法的法理學觀點有個有趣的特徵在於它既保守又創新。如果某個規範真的是「法律」，那麼它當然是道德的，所以沒有批評的道德空間。然而，如果它不是道德的，就根本不是法律，因此沒有必須遵守的法律義務。

在美國的法律史上，自然法的最有力倡議者是威廉．布雷克史東，他在一七六五年出版了《英國法釋義》；愛德華．科克（Edward Coke）的《法學總論》（*Institutes*）於一六二八至四四年間出版，同樣頗具影響力。對布雷克史東而言，違背自然倫理的法律根本就不是法律。我們在《獨立宣言》中看到這個派別，其中提到「不可剝奪的權利」[19]，亦即無論市民法如何規定，公民社會不可捨棄自然權利。直到晚近仍可看到呼應這個傳統的主張，例如馬丁．路德．金恩（Martin Luther King）博士的〈從伯明罕市監獄發出的書信〉（Letter from Birmingham Jail）[20]。他在信裡主張有兩種法律：公義的法律與不公義的法律，而不公義的法律根本就不是法律。

然而，即使在布雷克史東的論述中，我們也看到實證論的面向。在現代社會中，顯然有些法律，像是稅率或其他技術性的管制法律，並非原本就蘊含在宇宙中，甚至也不存在於我們的文化倫理中。對布雷克史東來說，自然法有缺漏之處，而人類的實定法可填補細節。[21]金恩博士也是如此相信。而今日我們很難找到有哪個法律教授或學生會因為稅率錯了而認為稅法不是「法律」。如同布雷克史東的論述，我們生活的時代至少有部分屬於實證論。

主權與法律

同樣的，實證論也有古老的起源。它主要與智辯士（Sophist）有關。柏拉圖在《理想國》第一卷中藉由智辯士塞拉西馬科的名義，提出正義是有利於權勢者的命題並進行論述。[22]這個主張與其推論是「法律不過是慣例」，這是智辯士們的重要論述。但我們主要關注的是實證論的現代傳統，始於邊沁在十八世紀的著作《政府簡論》（*A Fragment on Government*）。[23]邊沁在書中批評布雷克史東闡述的自然法。他首要批評目標是社會契約做為政府基礎的概念，而布雷克史東跟隨洛克以自然法與自然權利為基礎。依照洛克的觀念，某些自然權利在公民社會中持續存在。[24]這些權利在社會契約中是不可剝奪的。因此，湯瑪斯．傑佛遜（Thomas Jefferson）在《獨立宣言》中主張「不可剝奪的」權利。[25]

邊沁認為社會契約的概念只是無用的虛構。他主張，政府根植於社會成員開始習慣服從某個個人或一群人的意志。法律是這樣的個人或群體的意志之表現。因此，社會中所有的法律都是實定法。沒有任何法律可以獨立於社會成員慣常遵守的個人意志或群體意志，而這種個人或群體的意志未必反應道德準則或受其引導。

洛克版本的社會契約論並非唯一版本。在洛克之前，霍布斯已在社會契約的基礎上建構他的政治理論：人類（假設的，而非歷史上實際存在的）用他們在「自然狀態」中享有的自由與自然權利來交換公民社會的安全。[26]我們在第七章將回頭探討其他版本的社會契約論，例如盧梭、康德與羅爾斯。當我們判斷法律制度在道德上是否正當，或者公民是否有道德義務遵守法律，這些哲學家的理論有其重要性。然而，就此處的目的來說，重點在於對邊沁來說，公民社會與其法律並非建立在人類交換在自然狀態下享有的自然權利之契約上。邊沁是堅定的實證論者。

問題來了：我們如何辨識或界定公民社會的實定法是由什麼構成的？任何規範都算嗎？文法是嗎？禮儀呢？棒球規則？我們能不參照道德準則來定義實定法，從而打破法律與道德的界線嗎？自然法傳統也有其問題。如果自然的法律放諸四海皆準，如何解釋不同法域各種不同的法律內容？我們如何獲知自然法？但在現代，有關實定法的細節問題才是論辯核心。

邊沁處理這個問題的方法，是主張法律就是運用符號來表現主權意志。[27]更簡單地說，法律是主權的命令。聽起來頗說得通。立法（主權）禁止謀殺（命令）。不過問題在於誰才是「主權」，以及什麼算是「命令」。邊沁將主權定義為「任何個人或群體，整個政治社會都被推定要遵守其意志」。[28]主權成為政治上的優越者。而這是有問題的。難道只因為相對於聯邦政府，美國的一州不是政治上的優越者，所以州不是「主權」嗎？或者它的立法機關制訂的法令不是「法律」嗎？州在某些議題上是比較高位的，但在其他議題上可能是政治劣勢者。所以問題仍未解決。

關於邊沁的方法，重點不在於是否讓人滿意（顯然有些讓人不滿意之處），但它開啟了一項傳統，試圖以純然非道德的方式來定義法律。至少將法律定義為「主權」的「命令」，而不論命令內容是好是壞。

邊沁的弟子約翰．奧斯丁（John Austin）在一八三二年寫了《法理學的確定範圍》（*The Province of Jurisprudence Determined*）[29]。這本著作同樣批評布雷克史東及其自然法概念。它主要目的是將法律理論建構成與道德倫理不同的東西。

對奧斯丁來說，法律是政治上位者對下位者的命令。[30]這一點與邊沁類似。奧斯丁對這些概念的論述更好理解，與邊沁在細節上也有所不同。它成為最完整可靠的論述。「命令」是「期望的表述或訊息」，如果期望未獲得服從則帶有懲罰的威脅。[31]七十英哩的速限就符合這樣的定義。立法機關制訂法律表示它希望駕駛的車速不要超過七十英哩，而且威脅對不服從的人加以處分。那麼專利法、財產移轉或遺囑法呢？這些法律讓我們好做事，但如果我們不利用它們不會有處分。奧斯丁所設想的似乎是刑法，或者侵權法。有些人試著讓專利法也符合前述定義：如果你不服從規則，就失去專利的好處。然而，即使奧斯丁的定義有所不足，它確實掌握了法律的一項重要特徵：法律時常是有強制性的，雖然未必總是如此。

奧斯丁的第二個問題則是，什麼才算是「主權」。一個槍手算不算？或者我們可能問，納粹德國呢？的確，有些實體不是，但奧斯丁無法只靠正當性來辨識主權。那看起來像是道德標準，破壞了區別法律與道德的根本目的。所以奧斯丁的答案訴諸事實：主權就是某個地理區域的人們慣常服從的對象，而這個對象無須服從其他對象。[32]那不是道德的定義。它可能包括納粹德國的法律；它可能排除足球教練。足球教練通常還會服從他人。教會（就現代的情況來說）不是某地理區域內慣常受到服從的對象，而教會通常也服從政府。（或許中世紀的天主教會確實依據奧斯丁的定義制訂法律）。但是州政府與聯邦政府呢？他們可能互相服從，要視議題而定。分權機制呢？立法機關在憲法問題上「服從」法院，但是法院在稅率問題上服從立法機關。

即使有這些問題，奧斯丁仍然離目標更近一步。他找出法律時常具有的非道德特徵，而他試圖不參照「道德」來定義「法律」。

荷姆斯（Oliver Wendell Holmes）基本上並不是法哲學家，但他針對實證論提出一個簡潔有力的描述：要瞭解我們的**法律**義務，我們應該問一個壞人會問什麼問題。[33]契約當事人有什麼義務？我們可能說她做出允諾，所以有義務履行。對荷姆斯來說，那只是道德說法。「壞人」會看到兩種選擇：他可以履行契約而避免支付賠償，或者他可以違反契約，也就是允諾，然後支付賠償。所以他有法律義務必須履行契約或支付賠償。法律對於選擇哪一種並不在乎。任一種選擇都不享有特權。若說有法律義務必須履行契約，那只是道德說法。荷姆斯並未精進邊沁或奧斯丁對法律的定義，但他的「壞人」隱喻有助我們在理解法律是什麼時清除道德概念。

凱爾森與哈特

我們倒數第二個介紹的實證論者是凱爾森，他在一九三四年出版了《純粹法律理論》（*A Pure Theory of Law*）。[34]凱爾森將法律定義為運用強制力以確保人們遵守規範體系。他主張規範的意義表現在「應該做什麼」（what ought to be done）的陳述中。「較慢的車輛應靠右行駛，」即表述一種規範。為什麼「應該」不是一個無效的道德觀念？凱爾森表示「規範」之所以應予遵守，不是因為道德的關係，而是因為它是**有效的**（法律）規範體系中**有效的**規範。[35]特定的法律應予遵守，是因為有更高的法律規範確認其有效性，而更高的規範又是由另一個更高的規範加以確認，如此類推。殺人法是立法機關通過的規範；而另一個更高的規範（如憲法第一條）規定國會通過的規範是有效的。最終會有個基礎的規範，凱爾森稱之為「基本規範」（Grundnorm），[36]它讓整個制度有效力。在美國，這像是忠於憲法以及它所建立的聯邦制度。基本規範被認定是制度的邏輯基礎。它永遠不需要「被正當化」，它也不是衍生的。特定法律的有效性就來自於產生基本規範的法律制度。

這樣的法律制度可能是靜態的（像十誡的律例）或者動態的（像是「服從國王」）。美國的法律制度是動態的，忠於憲法的複雜基本規範。凱爾森接著補充一項實證的限制：一個法律制度要能存在，它必須「大致上」是有效的。[37]從而一個完全虛構的制度就不是法律制度。這有點像是邊沁與奧斯丁所提到的政治上位者的命令——整個社會或大多數人服從於某個人或某一群人。[38][39]

相較於奧斯丁，凱爾森的方法有個好處。聯邦法院並不符合奧斯丁所定義的被他人服從但不服從於他人。聯邦法院有時候獲得州法院的服從，但在其他議題上它們必須服從州法院。有時候立法機關服從法院，但在其他問題上法院可能必須服從立法。凱爾森的定義迴避了這個問題。聯邦法院的裁判在有效的規範體系中是個有效的規範，因為其效力是由有效的規範體系所定義，而該規範體系又獲得複雜的美國憲政主義基本規範的背書。與此相似，遺囑法與契約法本身並不符合邊沁或奧斯丁的「命令」理論，但仍屬於有效規範體系中的有效規範。

凱爾森的理論並不完整，因為它要能夠運作，我們必須**推定**有基本規範。為什麼是推定？為什麼不加以推導？答案之一是，我們在幾何學裡也必須推定某些公理，而不推導其來源，而這麼做可以得出穩固的定理體系。此外，凱爾森掌握了大部分法律人與法學生的直覺。如果問為什麼規範殺人行為的規則是「法律」，他們可能會說因為立法機關這麼說。為什麼立法機關這麼說，因為憲法這麼說。為什麼憲法這麼說？好吧，總之事情就是那樣。你問太多了。事實上，我們確實「推定」法律制度的有效性，而後才將它產生的規則識別為法律。

我們最後要探討的實證論者是哈特（H. L. A. Hart），他於一九六一年撰寫了《法律的概念》（*The Concept of Law*）[40]：一九五八年哈特於哈佛大學的荷姆斯講座（Holmes Lecture）講授「法律與道德的區別」，內容於同年刊登在《哈佛法學評論》。[41]朗．富勒針對相同議題發表了一份熱情積極的回覆。[42]我們之後會適時討論富勒的論述。哈特追隨奧斯丁與凱爾森，但試圖精進他們的缺失。

哈特反對奧斯丁訴諸「命令」的方法，因為它無法說明像憲法第一修正案那樣的法律、創設公職的法律，或者促成交易的法律，例如契約與遺囑。[43]他也像凱爾森一樣，反對奧斯丁建構的「主權」概念，其主張主權是指獲得習慣性的服從但不服從於他人。[44]即使英國國王也受到《大憲章》的約束，更不用提美國國會也會服從法院或憲法。而他對於凱爾森僅提出基本規範也不甚滿意。[45]

哈特表示法律是「主要規則與次級規則的集合」[46]，政治社會的成員一般而言會在最大程度上加以遵循。主要規則規範人的行為，例如過失法或稅法；次級規則告訴我們主要規則如何產生。普通法的法院制訂過失規則，立法機關設定稅率。較高的次級規則告訴我們較低的次級規則如何產生，例如國會授權給國稅局以及憲法授權國會立法。這套論述與凱爾森的理論頗為相似。而我們仍然需要一個最終的規則讓整個過程可以運作。

對凱爾森來說，最終規則就是基本規範，它的有效性是從邏輯上加以推定的。

對哈特來說，那是「承認的規則」（Rule of Recognition）。[47]在美國，承認的規則像是遵循我們的憲政體制。凱爾森的基本規範是一種必要條件，哈特的承認規則是事實上的存在。[48]正如社會學家或人類學家可以觀察一個文化的實際作為並找出其承認規則；而生物學者則是觀察蜜蜂的行為，從而推定牠們服從女王蜂。

對哈特來說，我們可以將法律（從而包括法學研究的領域）看作社會化世界的事實現象，無須參照道德。這讓我們可以將法律與道德區分，當作一個學習主題。它為法官與其他解釋法律的官僚劃定法律來源。它將個人的道德義務與法律義務清楚區分開來。有人主張實證論分離法律與道德會導致人們（尤其是法官）接受惡法，無視和法律相衝突的道德義務，對此哈特的回應是，清楚區分法律與道德事實上可以讓個人（與法官）聚焦在他們負有與法律義務不同的道德義務。[49]一件事是「合法的」，不代表它是「道德的」。

如我們所見，哈特的公式也有問題，但它確實反映出相當多的常識。現今大部分的人認為即便一項法律在道德上可能是不好的，但它還是法律。法律學子進入法學院後的思維即是，「法律就是立法機關說是法律的東西」。的確，他們往往難以想像若無立法，輕率的駕駛人怎麼會違反「法律」。他們的困惑在於他們的承認規則太過簡單。而後他們將普通法的概念內化，所以法律也可能是法院所說的東西。之後他們又會瞭解代理規則、與聯邦主義有關的衝突等等。但他們基本上都是實證論者。他們認為法律就是法律機制稱之為法律的複雜體系。

然而，許多法律學子也有與批評哈特的人同樣的抱怨。[50] 區分法律與道德讓我們對於案件「應該」有什麼結果無感，對於更健全的社會正義也無感。就像智辯士那樣，法律人做為實證論者精熟於在辯論上爭勝，但他們也應該關注道德高尚。這是蘇格拉底的批評。哈特則會回應說，法律人應該關心正義，但他們不應該將法律與正義混為一談。

我們稍後會回到這一點。值得一提的是，這是一個心理學的問題，而非分析的問題。哪一種方法可以讓個人有心思去關心世界正義？這是有趣的問題，值得進行心理實驗以找出答案。哈特主張嚴謹區分法律與道德可以讓我們更聚焦在獨立的道德義務，他認為這是一個經驗事實。這麼做並不會抑制道德義務。但此處我們不打算探究這些心理學的問題。

顯然那些不想將道德失衡的問題排除於法律分析之外的學子並不會訴諸強烈的自然法理論，主張惡法非法。他們不會回到布雷克史東的立場。他們可能主張法學院的**教學**應該更強調社會正義，但他們不會批判將法律與道德在分析上加以分離的做法。事實上，他們批評美國法律悖於社會正義，正是推定了這樣的立場。

為什麼要有法律制度？

第二次世界大戰後興起一種「新自然」法理論，主要論述來自哈佛的朗・富勒與亨利・小哈特（Henry M Hart Jr.）。富勒擔心實證論會讓納粹德國的法官強制執行可怕的法律。[51]若那些法官已經考量過法律欲實現的殘酷異常的目的，他們可能會再深思。實證論在運作上對道德盲目。如我們所見，哈特對此不表認同。但無疑的，在納粹執政期間，信仰實證論的德國法官的行為讓實證論者感到不安，這也是富勒認為法律與道德就算可以分離也**不應**分離的原因之一。他認為即使我們想要將它們分離，也無法完全分離。

富勒就此提出的主張可見於他在一九六四年的著作《法律的道德內涵》（*The Morality of Law*）[52]，以及在《哈佛法學評論》中對於哈特的荷姆斯講座內容的回應[53]。首先，法律依其性質具有「內在的道德」，若無這樣的內涵，就不是法律。[54]假設雷克斯國王想要建立法律秩序。他很快就會明白他必須採取具有某種程度普遍性的「規則」，而不能只是適用個別的宣告。他的律令必須公開，否則無法被遵守。律令不能只是私人的想法。它們必須是展望未來的，而不是回顧過去的。它們必須是可以理解的。它們必須是一致的而不會互相矛盾。公民必須有能力遵守法律。它們不能太頻繁地變動。它們必須與官方行為有必要程度的一致性。如果雷克斯國王不遵守這些原則，他不只是創造一個「壞的」法律制度，他創造的根本不是法律制度。這些特徵是「法律」固有的。

我們權且接受這些主張：若不具有這些特徵，法律就不是法律。而它們又如何將法律與道德連結在一起呢？富勒主張這些特徵是法律秩序本來應有的成功條件。[55]那些特徵是讓我們珍惜「法治」的原因。它們讓人類互動得「更好」。所以法律具有固有的「內在道德」。[56]

我無法明白這種主張的效力何在。假設雷克斯國王想要做個起士漢堡。他找出了七種材料：麵包、煮熟的牛絞肉、瑞士起士、美乃滋、洋蔥、醃黃瓜與番茄醬。他甚至用很精確的分量與重量訂定這些材料內容。他描述了起士漢堡特定的「關鍵要素」，但是他並未參照像「好的」（goodness）這樣的規範原則。但現在他指出這些成份嚐起來美味且有營養價值。那是否表示，若未參照道德我們就無法說那是起士漢堡？我不認為邊沁、奧斯丁、凱爾森或哈特是要主張法律不是規範人類互動的好方法。畢竟凱爾森說過法律必須「有效」；哈特也說法律是相互忍讓的制度，透過強制力來強制履行，藉此保護個人與其財產。[57]那些都是好的特徵。

接著，富勒主張法律的固有特徵（諸如普遍性、公開性）可以提高立法者制訂出「好的」法律的**可能性**。[58]納粹官員的行動時常（並非總是）因其祕密性與針對性而更加惡化。當然，即使符合富勒要件的法律也可能是邪惡的，精心制訂的奴隸法典就滿足全部或大部分的要件。但這些特徵至少**有助於**改善法律的內容。

富勒的論點看似說得通。正是如此我們制訂陽光法*，關注法律制度的各種流程。但同樣的，這也是法律與道德的實際連結，而不是分析上的連結。實證論者沒有理由否認這點。舉例來說，哈特還是可以不參照道德而找出這種法律。

富勒也質疑哈特的承認規則。[59]哈特說這個規則是一種**事實**。但富勒論稱，如果這個規則所確立的法律制度無法創造出某種最小程度的良善秩序，它就不是事實。換句話說，如果它確立的法律制度並不具有某種正面的規範價值，人民就不會「承認它」。所以法律與道德必須至少有最小程度的連結。

＊譯按：sunshine laws，在美國指要求政府機關和部門的會議公開舉行，促使政府機關的資訊向民眾公開。

富勒的論點看似說得通，但完全是實證的。它並未證明實證論者否認的法律與道德在分析上的關聯性。法律與道德之間可能有一些**實證**的連結。讓人們認為殺人是不道德的條件，也可能讓他們認為殺人是不合法的。實證論者確實並不否認這種實證的關聯性。

富勒其實有兩種策略。它們是互相關聯的，而且都可用於法律解釋與法學方法。這兩種策略都聚焦在富勒透過「洞穴奇案」中金恩、韓迪與福斯特大法官的論辯所建構的法學方法。它們仰賴二十世紀各派語言哲學，尤其是路德維希．維根斯坦（Ludwig Wittgenstein）的哲學。[60]這些哲學理論及法律與道德的關聯性，對二十世紀（與當前的）法學思維具有重大影響。幾乎所有學生（與教授）都接受實證論的基礎，認為不會因為某件事是合法的，就表示它是道德的；反之亦然。大致上他們是實證論者。他們對於學術論辯的細節相對而言較不關心。但是法學方法的論辯依然熱烈進行中，甚至在參議院的提名聽證會上也是如此。結果顯示那也是實證論的論辯。

富勒主張，除非我們知道某個命令的敘事背景，以及它期望達成的目的，否則我們無法知道它的意思。[61]假設有個市議會立法禁止「車輛」進入公園。哈特會說這個規定就是法律，不需要參照道德，因為那是由市議會通過的，而議會獲得州憲法的授權，並可由此溯源而上。最後我們就會連結到承認規則（類似遵循美國憲政主義）。

然而，富勒會說我們只是認出了一些字。要完整理解法律的要求，取決於這些文字的意思。這些法律會禁止嬰兒車進入公園嗎？腳踏車呢？做為紀念設施的坦克車呢？我們必須知道法規的**目的**，才能回答這些問題，而那是規範（道德）問題。它的目的是要降低污染嗎？或者讓孩子們有更安全的遊玩場所？依據這兩種目的，都顯示不應禁止嬰兒車。如果是要減少污染，這顯示腳踏車不應該禁止，但如果是為了確保孩童安全則應該禁止。我們必須知道法律想要促成什麼結果，才能知道法律**是**什麼。所以這些規範的宗旨或目標或目的，就是法律**是什麼**的一部分。此即「洞穴奇案」中福斯特大法官的方法論。

富勒的主張依循二十世紀某派語言哲學。二十世紀初，伯特蘭・羅素（Bertrand Russell）與阿弗雷得・諾斯・懷海德（Alfred North Whitehead）這些哲學家嘗試以形式和邏輯的方式理解意義。維根斯坦在其早期著作《邏輯哲學論》（*Tractatus*）中採取這樣的方法。[62]但之後在《哲學研究》（*Philosophical Investigations*），他改採不同方法。[63]語言是依賴脈絡的人類活動，而且有其目的。因此當父母告訴保姆教小孩玩遊戲時，「遊戲」一定不包括性遊戲或戰爭遊戲。那是根據脈絡與目的而來。本書無意探究二十世紀全部的語言哲學，但顯然富勒受到它的影響。

根據富勒的觀點，某些表面看來是二分法的事物，並不像我們想像的那樣截然不同。意義與目的是相關的。事實與價值也是。想像有個簡單的契約。我們可以提出契約是什麼、它如何成立、它的基本要素等諸如此類的問題。當我們教學生契約法的時候，從這些問題開始難道不是很合理嗎？那就是大部分法學生期待的。

然而，許多世代以來的法律學子都從不同的問題出發：當你違約的時候會發生什麼事？有什麼損害賠償或救濟？契約保護什麼價值與利益？或者更具體的，我們是否有義務讓受害的一方回復締約前的狀況？或者我們有義務讓她獲得跟契約履行一樣好的狀況？如果她用一百元買了小麥，結果在交付當天價值上漲到一百五十元，她應該只取回一百元（信賴利益），或者她應該獲得五十元的利潤（預期利益）？答案是後者。[64]

為什麼要從這些問題開始？因為富勒的契約案例書（與其他許多後續的書籍）就從這些問題開始。[65]為什麼呢？因為我們必須知道契約想要達成什麼，才能瞭解契約**是**什麼，也就是說你必須知道契約的目的。回想一下，我們必須先知道禁止車輛進入公園的目的，才能知道某個東西算不算車輛。所以我們的契約課程一開始會從契約的目的是要保護人們的**期待**開始。極少數的學生（或教授）知道為什麼契約課要從損害賠償的問題開始。那是因為富勒反對實證論的主張。（因為忘了這一點，許多契約課程從契約的成立開始。）[66]

人們如何思考法律與道德的關係，與其對於法學方法的立場是有關的。我們如何從法律材料中擷取意義？那是學習像法律人一樣思考的核心議題。那也是法學教育的核心問題。富勒以及其他哈佛法學院學者的著作，在二十世紀中葉孕育了一種思想派別名為「法程序」（Legal Process）學派。[67]我們之後將在歷史的脈絡下加以檢視。它同樣受到富勒有關實證論的主張的深遠影響。

富勒對實證論的看法也以另一種更廣泛的方式影響法學教育。如果法律的目的事實上是法律本身的一部分，而不像實證論者主張的那樣是與法律分離的，難道我們不應該在法學院教導這些目的，甚且不只是在課程中偶爾提及，而是要以系統化的方式來傳授？難道經濟學、政治理論、康德倫理學與其他規範理論不應列入課程嗎？畢竟，它們都是「法律」的一部分。

法學院長期以來開授相關學科的課程。法學史本來就是法律人感興趣的。司法心理學或普通心理學的課程也可能有助於法律人挑選陪審員或對證人進行詰問。但是二十世紀後半的新發展則是不再教授相關學科以輔助法律執業，而只為了瞭解法律本身的意義提供輔助學科。富勒以隱約的方式將這些規範上的論辯引入法學院，使之成為**法律的一部分**。這正是奧斯丁試圖要避免的情況。

富勒提出最後一項主張以對抗哈特區隔法律與道德。事實上，那就是我們剛才探討過的主張，只是並非適用在個別法律，而是適用在承認規則本身。[68]

哈特的承認規則必須成為一項「事實」，這樣他才能無須參照道德原則就確認法律制度。我們說過美國的承認規則大致就像是對我們憲法的遵循。但它的確切內涵是什麼？我們需要更詳細地說明，才能夠將某些機制納入，而排除另一些機制。不同的人對於這樣的細節可能有不同的意見，從而主張不同的承認規則更適合我們的實務情況。哪一種說法才是正確的？富勒說我們只要自問**為什麼**要有法律制度（以及承認規則），就能解決這種含混不明的情況。這只是解決什麼才算是「車輛」的更抽象方法。所以要將承認規則具體化（這對哈特不參照道德定義法律的嘗試來說很重要），我們必須參照法律制度的目標與規範目的。但是那卻將法律與道德以哈特想要避免的方式連結起來了。

富勒成功地顯示我們無法完全區隔法律與道德。但他的立場並非堅定的自然法論者。他不像布雷克史東或金恩博士那樣主張惡法非法。今日我們幾乎不會遇到任何一個法學生無法區別實定法的**合法性**與**合道德性**。就此而言，今日我們所有人都是實證論者。

相對的，富勒告訴我們，我們無法像哈特（或其他人）想要的那樣完全區別法律與道德。富勒至多只是採取反實證論的立場，或者我們可以稱之為新自然法的立場。包括道德目的在內的各種目的都是法律的一部分，我們必須加以審酌才能解決法律文字不夠明確的問題。但是它們無法否定任何違背道德的法律之效力。

有關實證論與法律及道德之間關係的問題，對法學者來說一直是很重要的。這些問題是法律人的資產，但它們在一般的政治圈裡並未引起熱烈的論辯。不過這些問題的旁支——富勒主張法律與道德是相關的，因為我們需要審酌目的才能確定意義——又將我們帶回政治論辯的中心：法官應該（或者可以）如何忠實地「適用」法律，而不是「創造」法律？畢竟，那樣的問題直探「法治」的根本核心。而有關實證論的法律論辯對此有重大影響。

第五章

各種思想學派：美國獨立革命到第二次世界大戰

我們已經檢視了用以建構法律思考的一些基本要素。法律形式化的程度或高或低，對中央權威的服從或高或低，強制性也或高或低。法院相對於其他政府部門與社會機制（像是立法機關與市場）也有不同的地位。法律與道德可能是分開的，或者有重疊之處。我們看到有不同的方法從文本擷取意義。每個問題都有許多細節，而特定的組合方式就構成我們所謂的「學派」。事實上，我們在「洞穴奇案」中看到了大法官金恩、福斯特與韓迪所代表的三種組合。

上述每一個大法官大致代表美國的一種思想學派：法形式論（金恩）、工具論或法唯實論（韓迪），以及法程序學派（福斯特）。這只是大致輪廓。事實上，法官或學者表現出各種細微的差異。大部分的法官可能是多種方法併用，或根本不明確談論他們使用的方法。但是當他們真的談到思想學派時，這三種學派就浮上檯面。

傳統看法認為不同的方法論與思想學派盛行於美國法學史的不同時代。歷史是法學文化的一部分，所以法律人應該熟悉歷史發展，因為那是我們的文化資產。我們亦可藉由觀察法律論理在不同脈絡下如何改變，包括在不同歷史情境下的變化，而對我們的法律制度如何運作有實際的認識。

我們必須謹慎區分不同的歷史時期，尤其是根據「傳統智慧」。這些傳統看法部分來自卡爾・盧埃林（Karl Llewellyn）一九六〇年的著作《普通法傳統：審判上訴案件》（*The Common Law Tradition: Deciding Appeals*）的論述[1]，以及格蘭特・吉爾摩（Grant Gilmore）一九七七年寫作的《美國法律年代》（*Ages of American Law*）。[2]這兩部作品都採用選擇性的歷史證據，其方法論也屬可疑。一九七五年，有位學生表示她的畢業論文對這個主題做了實證研究。她按照十年期間區分案件，檢視抽樣的裁判意見書。它們屬於金恩、福斯特，還是韓迪那一派呢？她發現各個歷史時期的分布狀況並無重大差異。或許我們並不是在檢視法官的想法實際上有何改變，而是法學者或司法菁英對這些問題的看法有何改變。或者，她的研究結論是錯誤的。但事實是：這些菁英們認為不同的歷史時代盛行不同的法律論理方法。

嚴謹的法學史家，包括莫頓・霍維茨（Morton Horwitz）[3]、羅伯特・戈登（Robert W. Gordon）[4]、羅伯特・卡弗（Robert Cover）[5]、大衛・拉本（David Rabban）[6]及其他學者，在多個實體領域提出了更豐富也更完整的美國法思想論述。但是傳統智慧並非完全錯誤，而且無論如何，它們向來是我們的法律資產。那是我們的背景，即使形塑法律與法學教育的法理學思想中有部分是錯誤的。

這些思想學派中的一支，亦即與二十世紀中葉在哈佛任教的富勒與小哈特有關的法程序學派，在過去和今時今日都有相當的影響力。它對法學教育有重要意義。我們已經討論過富勒，之後會在適當時機再回頭檢視他的主張。但若不先瞭解富勒批判的對象，也就是二十世紀初的法唯實論，就難以理解他的思想。而若不瞭解法唯實論的對敵，亦即十九世紀末的法形式論，以及十九世紀初出現的工具論，就無法瞭解法唯實論。縱使這些運動原本是為了回應那些傳統智慧所形塑的更早年代的樣貌。

就此而言，並非只有法理學運動如此。若不瞭解前代哲人提出的問題，就無法瞭解後代任何哲學或智性運動。以柏拉圖為例，為什麼他要發展出一套抽象、就形而上來看有問題的形式理論？想想柏拉圖承繼的智性問題，那看起來就合理多了。赫拉克利特和柏拉圖都主張世界是恆變的[7]，他們的銘言就是你無法踏進相同的水流兩次；水一定是不同的。相對的，巴門尼德（Parmenides）認為變化只是假象。[8]他的立場引致芝諾（Zeno）的悖論[9]，其論稱阿基里斯的箭永遠射不到目標，它永遠只到達半路，再一半，依此類推。面對這些相反的主張，柏拉圖採取一種極為常識性的方法。他提到變化與持續看似皆屬實，所以我們如何解釋呢？實體世界的物體會變化，但它們有些形式是不變的。[10]重點不在於他說得對。而是如果我們能瞭解他所承繼的問題，我們就能對他有更好的理解。對於我們要檢視的法理學思想也是如此。法程序學派是為了回應法唯實論，而法唯實論是要回應法形式論，而法形式論又要回應工具論。法律與經濟學派（Law and Economics）則是要回應法程序學派，批判法學研究則對這兩個學派都加以批評。

有很多方法可以處理歷史問題。卡爾．馬克思（Karl Marx）在《德意志意識型態》（*The German Ideology*）中主張一個時代的智性結構源於生產的物質結構，也就是經濟。[11]對於馬克思的歷史論已有許多著作探討。[12]在此我們可以說，物質條件與意識型態是相依相恃的。普遍的意識型態受到普遍的經濟結構影響，而它們也影響並改變著那些結構。無論如何，我們不需要解決那個問題。只要提出法理學思想學派與其時代的物質及經濟條件之間具有一些有趣的關聯。先有這樣的認知，我們再回頭簡要探究這些歷史上的思想學派。

司法方法論的變動趨勢

美國獨立革命之際，美國法院採用英國法與殖民地的普通法。布雷克史東的《英國法釋義》已於一七六五年出版。[13]他主要是自然法學派，所以他認為法院的角色就是運用理性確認自然法的要求。在殖民地，布氏著作的普及不如科克在一個世紀前出版的《法學總論》[14]，但這兩部作品均反映了自然法的觀點。

即使是《英國法釋義》也反映了些許實證論的內涵，如同我們在第四章所見。自然法可能並未論及某些細節事項，留給人類以實定法律填補空缺。美國需要成文的（實定的）聯邦與州憲法。[15]儘管如此，基本的方法仍是自然法以及自然權利。《獨立宣言》即表明特定自然權利是「不可剝奪的」，就算為了公民社會而訂定社會契約，那些權利仍然存在。

由於法律是立基於一套不變的自然原則，所以法律相對上是不變的，而且是形式化的。關於社會機制，布雷克史東主張法院（事實上是所有人）應服從國會。[16]從十七世紀末的光榮革命之後，這就成了主流的英式觀點，當時國會廢黜了詹姆士二世。於此同時，法院對於私人間的契約交易也採取積極介入的立場。一六〇二年的「斯萊德案」（*Slade's Case*）[17]承認雙方完全未履行的契約。在該案判決之前，只有部分義務尚未履行的契約才能強制履行。[18]如果賣方交付產品但未收到貨款，他可以取回產品或索討金錢。但是各項義務均未履行的契約，也就是任何一方均未履約，則無法強制履行。藉由賦予全未履行的契約強制履行的效力，該案支持了市場經濟的概念。但是若涉及損害賠償，法院則採取較為集權化而不那麼自由放任的方法。相較於強制履行全額付款的義務，法院只會強制履行「公允」（fair）價格。[19]

關於責任與財產權，法院傾向保障被動的（土地）財富。主動的一方侵害了另一方，大致上應對被動的一方負嚴格責任，無須證明有過錯。[20]河岸地主的用水權受自然水流法則（natural flow doctrine）規範。[21]被動的一方可以對那些為了生產目的而引開水流的主動者（如磨坊主）請求賠償。當然這只是大概的描述。

從一八〇〇年代初期起，情況有所改變。默頓・霍維茨（Morton Horwitz）在《美國法律的轉型》（*The Transformation of American Law:* 1780-1860）裡有非常好的論述。[22]大約一八二五年，我們開始看到更多人主張工具論，或者卡爾・盧埃林所說的法理學的「宏大風格」（Grand Style）。[23]我們看到更多人願意運用工具性論理來改變舊規則，藉此實現政策目標以協助剛萌發的初期工業與商業經濟。這些經濟需要新的商業組織與工具。那時為了建立資本，需要將資產投入企業。商業經濟需要背書轉讓票據。這些都需要人們願意轉換舊的形式與規則，由此也需要工具性的論理。簡單來說，當時存在許多守舊錯誤。

當然，對於形式論與可預測性的討論並未消失。法律見解並非都偏向工具性。

法院仍然謹慎注意實定法的文字與判例的意義。制典運動（codification movement）反映了法官不應該造法的觀念。[24]「查爾斯河大橋案」（*The Charles River Bridge case*）[25]挑戰麻州有無權限核發特許證給跨越查爾斯河的新橋，因為那違背舊橋所有權人的既得權利。但似乎有更多的人願意運用工具性的論理以變更規則，從而有利於滿足新的社會與經濟需求，改正守舊錯誤。

「斯威夫特訴泰森案」（*Swift v. Tyson*）[26]是個有趣的案子。問題在於銀行能否簽發背書轉讓票據，如果債權人背書轉讓給善意第三人，票據債務人即不能以對原債權人的抗辯事由對抗該第三人。鄉村各州並不喜歡背書轉讓票據，例如肯塔基州。債務人通常是當地的農民，而債權人時常是外州的銀行。不意外的，在波士頓與紐約的銀行則支持背書轉讓票據。該案基於原被告雙方屬不同州公民而進入聯邦法院。繫爭問題在於聯邦法院是否必須遵守肯塔基州的背書轉讓規則，或可以自行創設聯邦商業規則。聯邦最高法院認定聯邦法院可以自訂規則。改變的風已經吹起。

侵權法從接近嚴格責任演變為過失責任。想像鐵路業者因為車輛摩擦產生火花造成鄰地火災。依據嚴格責任，鐵路業者無論如何都必須負責。然而，依據新興的過失法律，唯有在鐵路公司未採取合理措施避免因為火花引燃火災時，才必須負擔責任。這是資本大量流入工業生產的誘因之一。[27]

契約法發展出買者自慎（caveat emptor）的原則[28]，並開始只強制履行「契約價格」而非「公允價格」。[29]這一切都有助於創造一個日益自由放任的市場。

十九世紀末，形式論出現復甦之勢，或者所謂的「機械性法理論」（mechanical jurisprudence）。[30]這種情勢同樣不讓人意外。十九世紀初的許多守舊錯誤已經獲得解決。該世紀下半葉，許多有利於工業與商業的經濟概念均已確立。我們有了背書轉讓票據[31]與企業治理的新形式。[32]人身傷害案件受過失原則規範，而不是嚴格責任。[33]原告自己與有過失將會造成無法求償。[34]確實，依據「共同雇員原則」（fellow servant rule），即使是同事的過失也會造成員工無法求償。[35]在整個法律中，大部分法律規則的實體內容已經變得更配合蓬勃發展的工業與商業經濟。我們必須謹慎避免使模型過於簡化，但這些改變的方向相當清楚。形式論的重大缺陷之一就是守舊錯誤，而這在十九世紀下半葉已經減少許多。

羅伯特・卡弗（Robert Cover）表示，工具論在黑奴逃跑案件（Fugitive Slave Cases）以及南北戰爭之後變得聲名狼藉。[36]如同我們在第二章所見，梅爾維爾的岳父也是十九世紀初期與中期主張工具論的主要法官之一，但在黑奴逃跑案中他陷入苦思。甚至，聯邦政府一度用鐵鍊封閉波士頓的州法院，他還必須從鐵鍊下鑽過才能進入法院將黑奴送回給主人。廢奴主義者當然無法接受這種做法。我們可以將這種作為視為是基於形式論。金恩大法官可能只會說法律的文字規定逃跑的黑奴必須被送回去，不論道德良知怎麼想。但是逃亡奴隸追緝法本身就是一種務實的妥協，期望藉此維繫合眾國的統一。[37]因此，強制執行逃奴追緝法也是出於實用論與結果論。我們若要反對這麼做，則必須嚴格堅守非結果論的道德原則。

早期的美國殖民地是以共益之邦（commonwealth）著稱，這表示全體共同治理。有了這樣的心態，就更容易信賴決策者會做出正確的事。這讓法官容易採用一種非形式化的方法論。而再沒有什麼比內戰更可能危害共益之邦。因此獨立戰爭變成促使美國回歸形式論的另一項因素。

十九世紀末期，企業在政府的協助下發展得很好。如果說企業還有任何需求，那就是希望政府保障他們認為「既得的」利益。他們認為政府整體，以及尤其是法官，應該不要介入市場遊戲。法官應該服從立法，也應該服從自由市場的私法自治。十九世紀初期，倡議經濟與法律變革者必須追隨司法之星。當時那些司法之星是支持經濟發展的。但新的明星升起，而且在十九世紀後期持續閃亮。查爾斯・狄更斯（Charles Dickens）當時正寫作批判倫敦道德敗壞的情況。[38]而馬克思則在撰寫《法蘭西內戰》（*The Civil War in France*）[39]，描述巴黎公社。法官們不再需要胸懷大志。

確實，**立法機關**也可能有盲目追隨的風險。在該世紀晚期，我們看到許多工會活動，以及立法機關通過勞工保護的法律。[40]全然消極的法院可能無法阻止這種趨勢。所以法院開始根據憲法條款，主要是契約條款（各州不得立法損害契約義務的條款）與實質正當程序，藉此約束立法機關以保障既得的權利。[41]但這是以形式風格進行。法官只是透過「解讀」憲法來認定憲法要求這樣的結果。

以上提供一個非常粗略的模型以理解司法方法論的變動趨勢。形式化的優缺點在不同領域與不同時代均有差異。在任何特定年代，法律的實質都掌握了經濟與社會的需求，法哲學亦然。當社會與經濟情況快速變動時，守舊錯誤與配對錯誤的後果就變得更加嚴重。工具論讓法官更容易減緩那些錯誤的影響。如果不再需要變動，形式化與可預測性的地位便可再度提升。

法理學的演進

十九世紀晚期，愈來愈多人相信法律應該以科學為典範。[42]達爾文出版《物種起源》（*The Origin of Species*），擴展了科學的範圍。如果科學原則也可以應用到人類社會，為什麼法律不行？而如果法律可以用科學做為典範，就有可能避免法官不當立法。科學原則在應用上應該保持價值中立。法律的科學化或許就能恢復司法的威信。

法律科學化也符合美國時興的德式研究大學潮流。從哈佛大學開始及至整個十七世紀，美國大學通常是做為顯貴世家子弟的神學精修學校。而後大學擴大他們的學術領域，成為博雅精修學校。但它們不是嚴謹有組織的研究中心，尤其不會投入科學研究。相反的，德國的大學則是如此。逐漸的，主要美國大學開始採行德國模式；[43]及至現在仍然採行研究大學與博雅學院的二分法。

此外，大學也開始辦理法學教育。[44]過去的法律人是藉由在有經驗的律師樓「讀法律」以學習技藝。哈佛法學院是美國第一所法學院，由大法官約瑟夫．斯多利（Joseph Story）領導。而後，在同一世紀，蘭德爾擔任院長，並將著名的個案方法導入法學教育，並結合了蘇格拉底式的教學法。[45]這是法學教育史中的開創性發展。結合這兩種方法是為了教導學生如何像法律人一樣思考，同時傳授學生一套法律規則。蘭德爾認為個案教學法讓法律的學習更像科學。就像依據科學法則組建的實驗室所實驗得出的資料，個案教學可以形成法律人發展一般法律原則的基礎。法律在外觀上如果更像是科學研究，就能在新的美國研究型大學中成為更受尊崇的學術事業。法律不再只是規範性的結論；它是「資料」的「科學」分析。雖然我們已經不認為這樣的過程是科學的，但蘭德爾的法學教育方法論仍然是人們相當熟悉的。

法律的詞彙也獲得了科學的風味。想想侵權法裡的近因（proximate cause）。一位駕駛過失撞到路人，應為路人受傷的結果負責。但是假設路人因為受傷所以在家休息，放棄了出城的行程。在某場舞會中，這位路人遇到另一人，結果墜入情網，而後結婚。兩年之後，那個路人拜訪她在另一個城市的公婆，結果她在那裡被殺害。原先那位駕駛對於路人後來被殺害的結果是否也應負責？若不是他的過失，那個路人那天就不會參加舞會，後來也就不會去公婆家。所以駕駛最初的過失行為事實上是路人之後被殺害的原因。儘管如此，過失駕駛不應對路人的遺屬負責，因為他不是殺人事件的**近因**。[46]殺人事件與原先的過失駕駛行為距離太遠。兩個事件之間的因果關聯太薄弱。

在前述情況下，政策上有很好的理由可以支持或反對責任的認定。[47]這些論據都相當複雜。歷史上，不同的法域採用不同的方法。但是許多法院並不分析政策，而是以「因果鏈」的「連結」來調整分析。[48]因果鏈有無「斷裂」？那樣的說法更具科學性，而非規範性。這就是法律科學化的修辭方法。

二十世紀初，鐘擺又擺向反方向。進步主義的政治運動開始產生社會立法，尤其是有關職場的立法。[49]聯邦最高法院慣常地宣告這些立法無效，主張它們違反憲法契約條款或「實質正當程序」的概念。[50]憲法並未明文禁止制訂規範工作條件的法律，但最高法院還是認定那些法律不當地干預勞工與雇主個別的權利。進步派持反對立場，認為法官在個案中強加他們自己的政治價值，卻託詞只是「落實」憲法。[51]於是法形式主義的方法論，以及將法律科學化的修辭法開始受到攻擊。

重大的分水嶺出現在大法官荷姆斯於一九〇五年在「洛克納訴紐約州案」（*Lochner v. New York*）提出的不同意見書。[52]紐約州議會通過法律限制烘焙工人一天工作的時數。雇主主張這違反了實質正當程序。聯邦最高法院認同這樣的主張，判決該項法律無效。大法官荷姆斯提出不同意見。他的意見書中有部分理由訴諸實證論，主張應該嚴謹區分法律與道德。他表示多數意見只是將自己對自由市場經濟的信念，強行帶入模糊而不確定的概念，例如實質正當程序。[53]荷姆斯在其他案件也支持實證論，提出契約法的「壞人」理論。[54]不要問契約是否課予當事人履約的義務，因為那會在探討的過程中注入道德考量。相反的，只要問如果有個當事人不想履約，會發生什麼狀況；而他們必須因此支付損害賠償。所以他們的法義務就是選擇此，或選擇彼。

就我們現在的目的來說，荷姆斯意見中的第二部分更重要。多數意見主張形式論只是裝模做樣[55]，而且實際上是有害的。法律是不確定的，理由在於法律使用了模糊的文字。「正當程序」到底是什麼意思？它可能表示法律賦予的具體權利，或者可能包括我們文化中隱含的背景權利。並無中立的選擇方式。「一般性的命題無法判斷具體個案。」[56]荷姆斯認為多數的概念太過於個人主義。更普遍地說，形式論主張我們可以獨立於規範性的判斷之外而瞭解法律的意思，以及法律就像是科學，這些都只是表面話。

還有其他具指標性的例子。如果某部成文法要求遺囑執行人將立遺囑人的財產分派給遺囑中指名的受益人，但遺囑指名的主要受益人，也就是立遺囑人的孫子，殺死了自己的祖父以便可以立刻獲得遺產，該怎麼辦？[57]形式論說，孫子可以要求獲得遺產，但那看起來是很荒謬的結果。或者想想有個法規禁止「車輛」進入公園？嬰兒車算是車輛嗎？腳踏車呢？在所有地方，任何形式論的主張都會存在法律的不確定性。

在普通法的領域，常常會有判例相互矛盾的情況。我們是否應將判例的見解侷限在狹隘的事實範圍？或者我們應該做更廣泛的解讀以建構普遍的原則？這個問題並無中立的答案。我們不能只說判例應該限縮於最狹隘的個案事實，判例的適用範圍必然比針對個案原告量身訂做的一次性判決更廣泛，也不會只適用在恰好在早上十點三十分發生的事故。對荷姆斯或其他法唯實論者，在這些個案中判斷法律規定時，司法不可避免地必須進行裁量。

甚且，形式論是有害的。它產生守舊錯誤而將我們侷限在過往。進步派的政治運動反映了有關職場規範的社會價值改變。一八八〇年，在自由放任的體制下宣告職場規定違憲或許還能接受。但是到了洛克納案的時代，禁止社會規範與知識菁英的價值信念是步調不一的。

法唯實論大致經歷兩個階段。第一階段有時也稱為「社會法理學」（Sociological Jurisprudence），奠基於哈佛大學的羅斯科・龐德（Roscoe Pound）[58]，屬於進步政治運動的時期。他們並不憤世嫉俗，而是相信人類進步的可能性。法律是實現進步的工具。社會法理學首次且全面地反對洛克納案的多數意見。他們反對利用契約條款與實質正當程序來廢除社會立法。他們也在其他議題上表達立場。侵權法有多項原則造成受損害的原告難以求償，例如因為與有過失（contributory negligence）造成原告完全不能求償，[59]以及共同雇員過失規則[60]將同事過失行為的不利益也歸諸受損的一方，而社會法理學反對這些原則。社會法理學也反對先前討論過的近因法則。[61]近因法則時常被用來阻卻求償。即使被告的過失造成原告的損害，個案的因果關係被認為過度薄弱。在法律科學化的修辭下，檢視因果鏈的「關聯性」[62]，卻未開誠布公承認這樣的過程涉及政策的選擇。過去在契約法裡也有一些法則讓消費者無法求償。在這些方面與其他許多方面，法律的內容並未跟上進步派的政治價值，當中有許多守舊錯誤。

法唯實論的立場

這個運動的第二階段則是法唯實論的全面開展，主要發生在第一次世界大戰之後。我們時常忽略了第一次世界大戰對西方智識發展的影響。戰爭始終是可怕的，但第一次世界大戰尤其沒意義。壕溝戰僵持造成可怕的折磨，機槍使得舊的戰術完全無用，而且戰爭整體的目的根本不清楚。因此在一戰之後，人們很難堅信人類理性與進步價值。

龐德的門徒更加憤世嫉俗。他們較不重視以法律做為人類進步的工具，而更相信法律只是法官的託詞，用來掩飾他們將自己的政治價值強加給社會大眾的做法。形式論也只是託詞。法官僭越了立法機關的角色，在形式化法律規則的掩飾下，強加施行他們自己的政治價值。那根本就是不民主的。[63]

之後的法唯實論者仍然堅決反對洛克納案的判決。當聯邦最高法院的保守派大法官繼續廢除進步的社會立法，這些唯實論者也繼續指出大法官們只是在施展自己的政治價值。[64]那些大法官被稱為「九大老」（nine old men）。[65]這個議題在羅斯福總統時期發展到了關鍵時刻。一九三〇年代，羅斯福總統與國會通過了許多社會立法。九大老持續擋路，而羅斯福威脅要擴大聯邦最高法院編制讓自己可以任命更友善而占多數的大法官。大部分人相信，九大老瞭解總統的訊息，於是開始改變他們的調性。因此，有人說「九大老在關鍵時候轉彎，挽救了他們的前途」。[66]然而，有關某些大法官在新政（New Deal）初期的案件中如何做出裁決的證據卻顯示，早在羅斯福提出要擴增聯邦最高法院員額之前就已經出現轉折。[67]無論如何，荷姆斯在洛克納案中的反對意見後來變成了主流。

盧埃林與傑洛米．法蘭克（Jerome Frank）是法唯實論後期的領導人物。法蘭克在一九三〇年寫作了《法律與現代思想》（*Law and the Modern Mind*）。[68]法唯實論將心理學引入法學與法學教育。如果法律規則不夠確定到足以在個案中進行判斷，那麼法律規則是什麼？法官的思考過程必然是很重要的。《法律與現代思想》本身即具有重要性，但這部作品還有另一個重要性在於促進法學教育的跨領域交流。二十世紀稍後階段即可看見這樣的影響。

盧埃林的著作《普通法傳統：審判上訴案件》[69]與《荊棘：論我們的法律與其研究》（*The Bramble Bush: On Our Law and Its Study*）[70]極為重要。他在實體法領域也很有影響力。十九世紀晚期受到薩謬爾．威斯頓（Samuel Williston）的影響，契約法變得概念化與形式化。[71]盧埃林參與透過統一州法委員會與推動各州接納通過統一商法典（Uniform Commercial Code）以改革契約法的工作。諷刺的是，統一商法典從形式論那裡借用了商法上需要的一致性，以及由此而生的可預測性的概念。但是統一商法典的內容更彈性也更實際，反映了實際的商業實務，而不是抽象的一般原則。盧埃林是該法典第二章的主要作者，該章處理商品銷售。它規定法院在解釋契約義務時應該參酌產業實務[72]、行規[73]與當事人之間的交易往例。[74]所以雖然法唯實論時常被定性為虛無與憤世嫉俗，但它實際的參與者大致上都是法律人。以盧埃林來說，至少法律與法律語言確實可以造成改變。

還有其他徵兆顯示這樣的發展。法唯實論者堅定支持羅斯福總統的新政。他們當中許多人在羅斯福創設的行政機關中任職。[75]他們並非社會主義者。他們對勞工問題的解決方法是透過集體協商來運用市場力量。[76]盧埃林著重私人市場的契約。但他們沒有任何人提倡自由放任的經濟。他們瞭解市場不完善的狀況時常造成不公義的結果，所以我們需要規則。他們不會執行「悖於良知的」契約，或談判力量不對等之下締結的契約。[77]

所以將法唯實論者描繪成虛無主義者，或者認為法律根本毫無意義，是不公允的。但他們確實強調法律規則的模糊性，也承認法官在裁判個案時應該做出政治判斷。法唯實論者希望我們看穿《綠野仙蹤》裡的那個簾幕。若我們做到了，我們就會看到法律制度幕後就只是一個人，而不是巫師。換句話說，法唯實論者致力於為法律的分析除魅。從而他們也遭致批評，被視為是認為法律與語言毫無意義的懷疑論者。雖然那是謊言，卻也顯示法界某些人對法唯實論者的觀感。

有三個案件的判決意見描繪出法唯實論者的新穎之處，也成為二十世紀法學教育的指標。第一案是「麥裴森訴別克汽車案」[78]，我們在第三章時曾經摘要說明本案以解釋守舊錯誤。我們也提到，它成為哥倫比亞大學法學院導論教材的重點案例。當中包括多個有關瑕疵產品製造商責任的案件，而以麥裴森案為高潮。回想我們先前討論過，別克汽車製造了一輛車輪有瑕疵的車子，他們把車賣給批發商，批發商再賣給零售商，零售商最後賣給麥裴森先生。當麥裴森太太開車時發生爆胎而受傷。她對別克公司提告，主張該公司未發現車輪瑕疵而有過失。

別克公司在答辯中主張該公司與麥裴森太太並無「契約關係」。即使她的主張並不是以契約為基礎，但根據紐約州的規則，依據過失責任請求產品賣方賠償時，賣方只對與其有直接契約關係的人負責。這在過失責任上是讓人意外的規定。通常情況是，如果駕駛撞到行人，即使駕駛與行人之間沒有契約關係，駕駛還是要負責。儘管如此，紐約州有關產品賣方的規則很久前就已確立。

該規則可以回溯到一宗舊案，「溫特巴頓訴萊特案」。[79]該案被告在維修驛馬車時有過失，之後造成乘客受傷，但乘客無法求償，因為他與維修工人並無契約關係。紐約州上訴法院後來做了一項例外的判決（該案的藥師銷售毒藥，卻誤標為藥品），理由在於這種行為**本質上**即具危險性。[80]毒藥很危險，即使小心處理，還是很危險。之後，法院將這種例外規則適用到看起來較無害的產品，首先是適用到營建場地的鷹架[81]，而後是咖啡壺。[82]最後，在麥裴森案，大法官卡多佐認定只要產品製造有瑕疵會造成產品的危險屬性，就適用「本質危險產品」的例外規則。當然，那樣的結果悖離「溫特巴頓訴萊特案」的見解。驛馬車如果製造有瑕疵，當然是危險的；大法官卡多佐繼續將這個主張形構成契約關係規則的例外事由，這樣的新見解事實上完全排除了舊規則：只要原告確實因為瑕疵產品而受損，而該產品只要製造上有瑕疵都具有危險性。所以在半世紀內，累積出來的個案判決事實上改變了舊規則。

為什麼這些材料適合用來引導法律學子認識法律思考呢？它們符合法唯實論

的主張。法律並不是形式化且靜態的。它是有彈性的，而且是工具性的。好的法官（卡多佐是個偉大的法官）可以用有創意的方式運用法律材料以達成正義的結果。相對的，它反對用形式化的方法理解法律。它揭露了在簾幕之後的是人，不是巫師。

麥裴森案也突顯了形式論最嚴重的問題之一：守舊錯誤。在溫特巴頓案做出判決當時，大部分的商業都是面對面進行的。然而，對於一九二〇年代的汽車產業來說，市場已有大幅改變。面對面的交易已經變少。愈來愈多的製造商採用經銷制度，委任批發商與零售商。而家人也會為彼此購買用品。就經濟層面來說，製造商與麥裴森女士之間確實有契約。法律新生遇到這類案件時，看到的是形式論最糟的一面，有非常扭曲的守舊錯誤。幸好大法官卡多佐英雄般地解救了這樣的情況。這些案例材料隱含的意思是，九大老搞錯了。就像蘭德爾在一八八〇年代的哈佛法學院引介個案方法時，反映了形式論的法理學，以及認為法律就是科學的想法，而哥倫比亞大學法學院的介紹材料確切地反映著法唯實論。

卡多佐在「帕斯格拉芙訴長島鐵路公司案」（*Palsgraf v. Long Island Railroad Co.*）[83]的判決是另一個分水嶺。它已經成為幾乎每一本侵權法案例書的首要案件。

它處理的是有關過失行為責任範圍的議題，但其重要性不僅在於法理見解。

帕斯格拉芙女士是個女雜工，她帶著她的孩子到海灘遊玩。當另一名乘客設法登上另一輛正要離站的火車時，她正在月台上候車。乘務員試著要幫那個乘客，但他摔下車，造成他攜帶的一箱爆竹掉落並爆炸。爆炸力道炸飛帕斯格拉芙附近的磅秤，波及到她。陪審團認定鐵路公司對於正要登上火車的旅客有過失。問題在於鐵路公司的責任是否擴及帕斯格拉芙。卡多佐認定並不擴及這位女士，因為無法預見鐵路公司對第一個旅客的過失行為，會傷到月台另一端的另一個人。

這是一個有趣的問題。假設有個家長在小孩的生日派對桌子上放了一把上膛的槍。那是過失行為，因為小孩可能被槍擊。但如果小孩不小心把槍弄掉在腳邊，又如何呢？那個家長還是過失，因為「若無那樣的過失」，就不會發生傷害事件。但小孩之後究竟發生什麼具體事件，並不是我們認為該家長一開始就有過失的原因。當時重要的侵權法學者，包括里昂．格林（Leon Green）、勒恩德．漢德（Learned Hand）、法蘭西斯．波倫（Francis Bohlen）與卡多佐都討論過這個假設的案子。[84] 兩種方向的論證都說得通。

英國早期的案件認定如果被告的過失直接造成損害，縱使那並不是可預見的損害，被告仍要負責。[85]之後，英國的法院推翻了他們以前的立場，並認定只有對可預見的損害才要負責。[86]在帕斯格拉芙案當時，紐約州似乎依循英國早期的規則。[87]那麼大法官卡多佐該如何論證他的裁判？

卡多佐運用令人讚嘆的策略，論證原告究竟發生何事的問題，其實是「近因」的問題。在該案件中，只要發生的損害是「直接」後果，被告也必須為不可預見的損害負責。「因此，判斷遠因或近因的因果關係，與我們要審理的案件是兩回事。」[88]誰被傷害是不同的問題。那是「義務」的問題，而只有可預見的原告可以求償。

發生**何事**，以及發生在**誰**身上為什麼應受不同標準規範呢？卡多佐未曾說明。里奧．李森（Leo Lipson）曾經評論說，讀卡多佐的判決意見有點像是玩視覺暫留卡。[89]視覺暫留遊戲有一張卡可以快速翻轉。一面是馬的圖像，另一面是騎士的圖像。或者一面是隻鳥，另一面是個籠子。你快速轉動那張卡，就會得到騎士騎上馬，或者籠裡有鳥的視象。對李森來說，卡多佐集結所有事實與法律，然後快速翻轉遊戲卡。結果我們就看到一隻鳥在馬的背上。[90]

為什麼這個案子在一九二七年做出判決時這麼著名呢？進步派的學者希望擴大侵權責任；大法官卡多佐則限制責任範圍。法唯實論者會希望看到討論某個規則的政策結果勝過另一個；但大法官卡多佐的意見書是概念性的。判決結果必定是要依據「義務」這種標籤，而不是「近因」。但是「近因」，以及它在因果鏈中的連結，帶有法形式論以及法律科學化的味道。卡多佐拒絕那樣的修辭。義務聽起來比較像是規範性的問題。法官使用義務這個詞的時候不能說他們要迴避任何政策判斷，雖然卡多佐自己很少談論政策。的確，威廉．安德魯斯（William Andrews）法官的不同意見就以「近因」為基礎，而且坦率地討論各種衝突的政策。[91]但「近因」是個不受歡迎的詞。藉著迴避這個詞，卡多佐打臉法律科學化與法形式論。他也打臉九大老。並非判決結果，而是修辭才有助於解釋帕斯格拉芙案在學理上的指標地位。

我們不是還相信著法治嗎？

大法官路易斯．布蘭迪斯（Louis Brandeis）在一九三八年「伊利鐵路公司訴湯金斯案」（*Erie Railroad Co. v. Tompkins*）[92]的意見書是第三個指標案例。該案處理一項直接的法理論題。聯邦法院對於涉及聯邦法律問題的案件有管轄權，但聯邦法院對於不同州籍公民之間的案件也有管轄權，即所謂的「異籍」管轄權（diversity jurisdiction）。[93]如果案件曾經在州法院繫屬過，它就受到州法管轄。但如果是在聯邦法院爭訟又如何呢？人們可能直覺認為仍然適用州法。但我們先前在「斯威夫特訴泰森案」[94]就看到，美國聯邦最高法院認定應適用聯邦法。回想一下斯威夫特案涉及背書轉讓票據能否強制履行的問題，而當時新興的商業利益支持背書轉讓與一致的聯邦規則。而斯威夫特案同時滿足兩者。伊利案則推翻斯威夫特案的見解，認定在異籍案件，聯邦法院必須適用州的規則。

伊利案的實體問題涉及地主對侵入者的侵權責任。通常地主對於侵入者罕有什麼義務，但有個例外是時常侵入限定區域的人。[95]常見的情況是社區使用長期以來的既成路徑以跨越鐵軌。伊利案的爭點在於這項例外是否不僅適用在橫向跨越鐵軌的路徑，也適用於與鐵軌平行的路徑。賓州法律主張不適用。但聯邦地方法院適用的聯邦規則卻說是，因此做出有利於原告的判決。聯邦最高法院推翻斯威夫特案的見解而認定在異籍案件，地方法院必須適用州法。

這並不是無關緊要的判決見解。它在實際訴訟中造成極大的差異，該案原告通常必須選擇在哪個法院提起訴訟。舊的規則表示原告有時可以選擇在聯邦法院訴訟，藉此選擇想要適用的實體法。這是重大的議題，也是相當實際的議題。

布蘭迪斯可以務實地處理這個問題。斯威夫特案的舊規則允許任選管轄法院。他大可說任選管轄法院與設立聯邦法院的司法法（Judiciary Act）[96]，或允許聯邦法院制訂程序規則但未允許制訂實體規則的規則授權法（Rules Enabling Act）[97]不符。可是布蘭迪斯更進一步。他主張斯威夫特案的規則違憲。而後他論稱該案的見解在法理學上站不住腳。問題在於該案的法院並不認同所有法律都是政治主權的產物，反而認為「在任何州之外有個更高的法律體系，在各州之內具有規範效力」[98]，可由法官加以發現。斯威夫特案有自然法的味道，與法唯實論的實證論不同。

但是為什麼布蘭迪斯要惹這樣的麻煩呢？是什麼事情困擾著他？為什麼伊利案變成民事訴訟法的核心案例，就像帕斯格拉芙案成為侵權法的核心案例？布蘭迪斯追隨荷姆斯，他所要批判的「更高的法律體系」，其實是打臉九大老採用的方法論，以及九大老們「找出」實質正當程序以推翻進步派社會立法的能力。伊利案具體的結果讓受損害的原告更難向鐵路公司求償。不允許原告任選管轄法院也阻礙了求償。他的裁判所衍生的影響似乎不是進步派想要的。但在布蘭迪斯的手上，這個相對實際的問題成了對據稱要在「更高的法律體系」中「找出」法律原則或實質正當程序的九大老的最後一擊。

因此，法唯實論影響了法院與學者分析法律議題的方式。這些指標性的案例也指出法唯實論影響了法學教育中的案例法理。麥裴森案、帕斯格拉芙案與伊利案是法學院一年級課程中指標性的三案組合，部分原因在於它們都攻擊法形式論的法理學修辭，以及法律科學化的運動。它們都支持法唯實論與法實證論。

來到二十世紀中葉與二戰末期，法唯實論有什麼新發展呢？它的主要宗旨在於形式論是不好的，因為那讓我們固守過去，而形式論只是託詞，因為法律規範本質就是曖昧的，而且法律就是主權意志的實證產物。誠然，有一些簡單的個案。哈特說這些個案屬於「核心」。但還有一些「有趣的」案件則處在「半影之處」，在那裡並無明確的或形式化的答案。在半影之處，法官做出政策上的決定。如果他們宣稱以形式論的方式做出決定，那只是自欺欺人。當然，所有重要的案件都發生在半影之處。所以在這些案件中，若以為決定的根源是法律規則而非法官的價值，那是大謬不然的。

司法機關，甚至是法學界對此的看法從來就是多元的。不同的法官與法學者有不同的看法。但我們可以說在二十世紀中葉之後，法唯實論是主流的思想學派。它已全面貶斥法形式論、機械法理學、法律科學化，以及實質正當程序。但是付出的代價又是什麼？我們不是還相信著法治嗎？法學院不是還教導法理嗎？難道這一切只是表面工夫，為的是遮掩法官操作政治權利之事實？法官位在法律行業的頂端。他們現在被編派成哈特所稱「核心」的棋子，是「半影之處」不受控制的政策制訂者嗎？這是民主嗎？確實，我們現在仍然聽到這些批判法官的意見。這是美國在二次世界大戰結束回到常軌之後，新世代法理論家所面對的問題。

第六章

各種思想學派：二十世紀中葉的法程序學派

法唯實論對法形式論、法律科學化、機械法理學及九大老提出極有力的批評。但是它可能也會被視為對法治概念本身的攻擊。它質疑法官的角色。他們在美國政府體制中具有正當性地位嗎？到了中世紀，法官開始做好的事情。他們於一九五四年的「布朗訴托皮卡教育委員會案」（*Brown v. Board of Education of Topeka*）[1]中認定學校的種族隔離是違法的，他們也改革侵權法[2]與契約法。[3]或許我們應該重新思考法唯實論。那是富勒與小哈特在哈佛法學院時的想法。

回顧富勒與哈特的辯論，富勒認為法律無法與道德完全分離。他並非強硬的自然法論者；法律即使不道德，也還是法律。但他確實認為法律與道德之間有根本的關聯性是無法避免的。我們在第四章已經探討過這些關聯性，其中之一與這裡的討論有關。要解釋法律以探查其意義必須參照它的（道德）目的。我們不曉得禁止車輛進入公園的規則是否也禁止嬰兒車或腳踏車，除非我們先探問為什麼要通過這樣的規則。這也為一個或許能回答法唯實論者問題的法學方法論開啟了一扇機會之門。我們在「洞穴奇案」福斯特大法官的意見書裡看到這種方法論的輪廓。

對哈特來說，法官在半影之處做出政策選擇。就此而言，他們很像是立法者。問題來了，如果法官的所作所為就像是立法者，為什麼我們還需要法官？或許答案是為了方便：我們需要有人在個案中裁斷事實、做出決定。我們不能委託立法機關處理每一個個案。是的，法官有時候必須做出決策，但只有在他們裁判個別糾紛時才能這麼做。

但或許法官甚至不必做決策。誠然法律規範有曖昧不明之處。法唯實論者說得沒錯。但法官也有其方法論可以解決這些曖昧之處，那不同於立法者制訂政策所使用的方法。法官可以確認模稜兩可的立法（或普通法的判決前例）之目的，用以解決這樣的模稜兩可。運用這種方法的法官不只是機械性的棋子，也不只是把自己的政治價值帶入司法判決。他們以「深思熟慮」的方式應用立法的價值，強化而非干擾立法程序。

從而法官有其特定的方法論，而且那是符合民主的。他們也有特定的職責，裁判特定類型的案件。富勒區別兩極爭端（個別當事人都主張自己的權利）與多中心爭端（在此種糾紛中，法律結果需要權衡不同社會實體之間的複雜利益）。車禍事故中哪一方有錯，是第一種類型的爭端；怎麼訂定適當的稅率則是後者。法院沒有適當的資源可以蒐集所有必要的資訊以解決多中心的爭端，或者權衡互相競爭的社會利益。但立法機關沒有適當的資源可以確定具體的事實，而那是判斷車禍責任歸屬所需的。所以我們要分工以及不同的方法論。法唯實論者主張法院只是僭越立法的角色並不真切。

如果法院應該把他們的「管轄權」限縮在特定類型的案件，避免處理多中心的爭端，他們可以利用哪些原則工具？美國憲法第三條規定法院審理「案件（或）爭端」。[4]車禍中哪個駕駛有錯就是爭端。適當的稅率怎麼訂定不是。所以我們有各種司法原則，像是某個人有無「訴因」提出訴訟[5]、案件是否「成熟」[6]而適於做出裁決、某爭點是否「不具實質意義」[7]或屬於「政治問題」。[8]這些問題是聯邦法院處理的主要部分，二十世紀中葉它們與法院制度的哲學有關，也與訴訟的實際規則有關。不讓人意外的，小哈特開設有關聯邦法院的課程，並且編寫重要的案例教科書。[9]

小哈特與阿爾博特・薩克斯（Albert Sacks）在《法程序：立法與法律適用的基本問題》（*The Legal Process: Basic Problems in the Making and Application of Law*）[10]這部教科書中闡述這些概念。那是一九五四年印製的書籍，頁數超過一千六百頁，笨重且編輯不佳，內容很多重複。許多議題的頁數過多根本讀不完，所以沒辦法達到在課堂中討論的目的。儘管如此，對於美國的法律制度與法律程序，它們整體展現出一種有深度、豐富且具啟發性的觀點。二十世紀晚期許多教授在法學院的課程中使用這本書，使得這份材料深具影響力。法程序學派有助於將其他領域帶入法學界，例如法律與經濟學。最終，它激起一群法學者的批判，稱之為「批判法學研究」（Critical Legal Studies），他們也質疑法程序學派的基礎保守反動且天真。這些材料的影響極其巨大。

《法程序》教材的特點之一在於探討的幾乎都是日常的、平淡無奇的案件。例如從火車運送哈密瓜發生遲誤造成哈密瓜腐壞的爭議開始。[11]他們也討論一家廉價商店的分潤租賃糾紛[12]、提單糾紛[13]，以及空運遺失行李的糾紛。[14]有些案件具有歷史重要性，例如韓戰期間的「鋼鐵沒入案」（*Steel Seizure Case*）[15]，但這類案件較少見。

法院的角色是什麼？

這些日常案件是寶貴的資產。探究今日的法學方法總是會涉及具歷史與政治重要性的案件。我們會討論大法官史卡利亞（Antonio Scalia）在爭議性的憲法案件中運用文義論或原旨論（originalism）的見解。或者我們會探討最高法院在涉及種族、性別、性傾向或墮胎案件的論理。這些都是重要的議題。因此，在更大的政治論辯中，法律方法論的細微差異就失去關注。試圖在爭議案件中聚焦在純粹法理學的爭議是很困難的，尤其在課堂討論中更是不容易。那就像是用探照燈照著莫內與馬內的圖畫，試圖比較他們的繪畫技巧有何差異。如果案件背後的爭議是關於提單的意義，就更容易聚焦在法理學與方法論的問題。相較於困難的案件，我們能夠從簡單的案件中學到更多有關法學方法的討論。[16]

雖然富勒並非《法程序》的作者群，但他的影響是確確實實的。他堅定主張我們無法區隔法律的實然面與應然面，這正是方法論的重點。他主張法院有適當的資源可以處理特定類型的爭端，但其他類型則否，這又是另一個核心主題。我們幾乎在每一頁都可以感受到他與小哈特的討論。

《法程序》的內容始於「腐壞哈密瓜案」的漫長旅程。[17]貨主提告鐵路公司請求賠償，但這場旅程牽涉到的角色不只有鐵路公司與貨主。本案的運送是依照提單辦理，那是根據聯邦貿易委員會核准的航運契約。聯邦貿易委員會則是獲得國會的授權。這些角色之間的關係是動態的。國會可以修訂成文法。聯邦貿易委員會可以變更規則。鐵路公司可以修訂航運契約。貨主可以變更提單內容。

這代表什麼？我們無法從規範哈密瓜運送的法律得到更多訊息。小哈特與薩克斯所呈現的是法律的構造圖。回想一下邊沁、奧斯丁、凱爾森、哈特與他們個別對法律的定義。對小哈特與薩克斯來說，「法律」是各種法律的參與者之間複雜互動的結果。法律就是這種複雜之舞所產生的結果。我們還必須知道誰才是「參與者」，所以小哈特與薩克斯並未給我們一個嚴謹的定義說明什麼是法律、什麼不是法律。但他們確實提出一種不同的方式來探討這個問題。法律就是這組複雜的互動關係的結果。它是法律「程序」的產物。

這種方法有許多顯著的特點。首先，它更聚焦在我們解決爭端的方法，而非實體的結果。聯邦法院、民事訴訟法、行政法、法律衝突等課程成了法學教育的核心。法律制度的運作方式的問題是最重要的。即使像勞工法這樣的實體法課程，重點仍在於集體協商的程序以及國家勞動關係委員會的程序角色。

其次，法律制度透過主要參與者之間的對話與互動達致解決方案。它顯示出一種知識的謙卑，沒有任何人或機構能夠獨占真相的決定權。它呼應美國政府聯邦主義與權力分立的架構。有時候這讓人感到挫折，但是我們藉由信賴這樣的制度而勉強達到適度公正的結果。群體藉著協商歧見，比起個別或單一機構更能獲得更好的結果。它支持妥協。與今日的觀點多麼不同！

這兩項特徵都反映了柏拉圖的思想。在《理想國》第一卷，蘇格拉底問：「正義是什麼？」[18]好幾個人聚在一起，以對話方式提出答案：正義是有益於友方而損害敵方的事；[19]正義是強者的利益；[20]以及其他答案。蘇格拉底接著提出質疑，看看他們的回答能否禁得起檢驗。他認定每個答案都靠不住。第一卷最後沒有任何人能夠對蘇格拉底的問題提出讓人滿意的答案。蘇格拉底也未告訴我們正義是什麼。我們是否毫無進展？確實有進展。在第一卷結束時，我們還沒辦法確切知道正義是什麼，但是這些對話至少讓我們透過刪除某些可能的選項而更接近答案。

而後在第七卷，柏拉圖給了我們洞穴寓言。[21]居民被關起來，眼前只能看到洞穴的牆壁。牆壁所見的一切，都是光影投射的影子。他們面對的唯一「真相」就是牆上影子，完全看不到投射出影子的實物。對柏拉圖來說，這個寓言的意義在於，我們的具象世界是由存在另一個世界的理型所投射出來的「影子」所組成。這些理型才是真正的實相，而世間的物體只是反映這個實相。

那些被關的居民（或者我們）如何能更理解確切的真相？柏拉圖並未告訴我

們，但他確實展示給我們看。如果我們進行蘇格拉底式的對話——理性的論說，或者邏各斯（*logos*）——我們至少可以接近真相。如果我們運用蘇格拉底那種論理式對話，我們就能進步。這種對話的每一位參與者最終都能獲得更多啟發。

小哈特與薩克斯似乎認同這點。如果我們讓法律制度的參與者持續「對話」，就能得到法律問題更好的（但非完美的）解答。這是有關人類進步最謙卑的觀點。

就另一層意義來說，小哈特與薩克斯都是柏拉圖派。對柏拉圖來說，我們可以設計一種正義的城邦以期獲得社會正義。[22]與其試著描述正義的標準，而後判斷某個紛爭的結果依照那個標準來看是否正義，小哈特與薩克斯更關注法律程序的架構。如果有正確的**程序**，我們就更有可能得到正義的結果。的確，或許這就是正義的定義。這就像生活中其他許多領域的情況。打棒球時不用每一球都擊中，只要專注於怎樣好好打球，自然會得到好的結果。聚焦在過程，結果就會自己出現。

那麼在這個制度中，**法院**的角色是什麼？它們是像法唯實論主張的，只是制訂政策，從而僭越了立法的角色？或者他們有特定的角色？它們的任務之一是監督整個制度以確保每個人都妥適履行職責。它們就像是籃球賽中的控球後衛。它們的第一個任務就是判斷誰該拿到球。

想想「詹金斯訴蘿斯商店案」（*Jenkins v. Rose's 5-10-25¢Stores*）。[23]屋主將零售空間出租給一家廉價商店，部分租金是依照營收來決定。這家廉價商店經營得很好，在租期未屆滿前搬遷到新的地點。店主是否仍必須分潤給原屋主？租賃契約中是否有默示條款說店主有義務留在原址？法院的第一項任務應該是要判斷法律制度中適當的參與者，才能回答前述問題。應該讓立法機關來判斷怎麼做比較公允嗎？或是交由法院來判斷？不，對小哈特與薩克斯來說，解決這個問題的適當場域是讓當事人自己在市場交易中決定。

小哈特與薩克斯為指控法院干預市場交易的說法進行辯護。他們就像法唯實論者，在政治上是主張進步的，而他們不相信完全不受干擾或自由放任的市場空間。他們相信合理的管制。但他們並不是社會主義者。解決租賃糾紛的第一個地方就是自由市場交易中的「私法自治」。

然而，此處有個轉折，小哈特與薩克斯將私人市場交易稱作「私人立法」，顯露出某種反市場的態度。那種說法好像是國家將立法的工作「轉託」給個人，而不是認為個人在市場中行使的權利是與生俱來，而非屬國家授權。或許有人會說，小哈特與薩克斯看到的市場還是「國家行為」的場域。他們不是社會主義者，但他們看來也不是自由主義者。

無論如何，契約案件的第一項任務就是檢視契約本身。在小哈特與薩克斯的多參與者的法律制度中，「私法自治」占有重要角色。在其他情況，我們會看到法院訴諸其他實體，例如立法或行政機關，或是普通法判例。做這個決定不只是微不足道的工作。那是一種「監督的角色」，需要深入瞭解我們的法律文化。但那也不是制訂政策從而取代立法的角色。

法院有義務以規範來解決爭端

現在法院有了另一項任務。場上的參與者（在此指的是私法自治）是否做好他們自己的工作？在詹金斯案裡，答案是否定的。當事人忽略了店主搬遷的可能性。就此而言，法院需要填補空缺，賦予契約意義。但這只是因為機制的參與者通常會將這項任務轉託給法院，是當事人自己犯了錯。法院並不干擾私人的角色。它只是協助他們。這種情況也會發生在包括法律制度參與者的其他主要機構。

以立法機關為例，想想「里格斯訴帕爾默案」（*Riggs v. Palmer*）。[24] 紐約州有個遺囑法規定遺囑執行人依據被繼承人的指示將財產分配給遺囑上指定的受益人。而且沒有例外規定特別處理受益人的行為與被繼承人的死亡有關之情況。在本案中，被繼承人的孫子主張有權繼承大部分的遺產，但他殺了被繼承人。其他受益人，也就是被繼承人的女兒，起訴請求將那個孫子排除在遺囑繼承人之外，而法院做出有利於原告的裁判。法院裁判認定「惡性重大的繼承人」（Felonious Heir）無權請求，這並不是取代立法的角色。在做出這樣的判決時，法院並非反對立法的判斷，以為立法就是指所有在遺囑上列名的受益人，即使殺死了立遺囑人，也有權獲得遺囑分配給他的那份遺產。而是法院認為立法根本就不可能考慮過這種情況，所以有時候立法也有漏洞，而法院需要協助填補。

我們之後將檢視在主要決策機關未善盡其責時，法院應該如何填補漏洞的**方法論**。此處重點在於法院原本的工作（控球後衛）是判斷在我們的法律制度中，哪一個機制有權可以對於應採取合種法律行動提出實質的答案，而後再判斷這個機制是否做好它的工作。

法院有時候也扮演主要決策來源的角色。有時候沒有其他法律機制有答案。以車禍來說，當事人並未締約，也沒有財產規則或權利歸屬的規則，而立法或行政機關可能並未提供裁判的規則。但必須有人解決問題，如果沒有其他法律機制可以解決糾紛，法院就有義務提供普通法的規範來加以解決。

小哈特與薩克斯接受法唯實論的多個面向。他們同意純粹的形式論是不可能的，因為法律規範充滿模糊之處。如我們所見，有時候主要的決策者留下漏洞。有時候成文法或契約的文字曖昧不明，像是禁止車輛進入公園的規定中的「車輛」。有時候普通法有相互矛盾的判決。小哈特與薩克斯檢視了涉及所有這些曖昧情況的案件。詹金斯案是其中一件。他們試圖回應法唯實論者，但也認同他們主張法律有曖昧不明之處。小哈特與薩克斯並不是形式論者。

所以在詹金斯案裡，法院提到租賃契約有不明確之處，因為當事人並未處理店主可否搬離而不用承擔不利益的問題。那麼法院可以怎麼做？打發他們走？或者確認當事人是什麼意思，即使他們並未明確表述問題？法院應該採取後面這種做法，因為那更符合當事人的目的。法院的角色是幫助當事人達到他們想達成的目標。與此相似，如果問題在於條文本身，例如在里格斯案，法院藉由確認立法目的將可更忠於立法。小哈特與薩克斯將這種過程稱為「論理式闡明」（reasoned elaboration）。

這個方法在詹金斯案裡如何運作呢？當事人試圖實行某種類型的經濟交易。店主可能是新創事業而資源有限，因此無法支付較高的固定租金。但如果事業成功，他就可以付更多租金。房東願意承擔事業失敗的風險，以交換事業成功時有更大的收益。房東等於是「購買」未來的收益，就效果而言就構成合資事業。如果允許店主在商店成功時退出，便與這個交易的「本質」或「目的」不符。

法院並不只是個棋子。法院進行論理式闡明的工作很複雜，而且也有價值。但法院並不是試著用自己的價值取代當事人的價值，而是要促進當事人的目的。假設我叫管家到市場買一些肉湯當午餐。如果她走進商店買了些肉湯，但是因為知道沒有其他食材，所以也順道買了些其他東西，她有違反我的指令嗎？[25]或者如果她只端上肉給我，卻沒端上湯呢？

稍後我們將檢視小哈特與薩克斯採用這種方法可能面臨的一些問題。其中有些問題成了下一世代具影響力的法學者用來批判法程序學派方法的基礎。此處的重點在於瞭解小哈特與薩克斯的理論架構。

他們提出各種案件以證明論理式闡明如何進行。其中一個案件涉及鐵路公司看顧運送貨物的責任何時結束的問題。[26]鐵路公司將貨物卸載到車站月台，鎖在閘門後方等候貨主在早上取貨。結果貨物在夜間被燒毀了。鐵路公司是否「已交付貨物」，或者鐵路公司仍應負責。針對這個問題有兩種不同的普通法判例。其一主張車輛運送必須將產品送貨入戶，才算完了。依照這類見解，本案的鐵路公司仍應負責。但另一派則主張海運船舶在將貨卸下碼頭時責任就已盡了。若依照這類見解則有利於鐵路運送者。應該以哪一種判例做為主導呢？就諸多面向而言，鐵路運送比較像是車輛運送。它有輪子，而且在陸上運送貨物。但是若以目的來看，火車不是比較像在海上航行的船舶嗎？畢竟貨車可以在街上自由行動，他們事實上進得了貨主的門戶。海上航行的船舶與鐵軌上運行火車則沒辦法。

這類論理就像是《芝麻街》（*Sesame Street*）節目上的遊戲：「這些東西中哪一個跟其他不相符？」假設我們有雨傘、泳衣、雨鞋、燕尾服。我們可以刪掉雨傘，因為其他都是衣著。或者我們可以刪掉燕尾服，因為它跟水無關。法律學子第一次學習到論理式闡明，就是在芝麻街！

假設有個聯邦法條規定鐵路公司必須在貨運車廂與火車之間裝設自動連結器。[27]有名工人在貨運車廂與火車頭之間處理連結器時受了傷。兩者都有裝設連結器，但是其中一個配置的是米勒牌連結器，另一台配的則是杰尼牌。它們都只能自動連結同品牌的連結器，但不能互相連結。工人聲稱，因為配不起來，所以鐵路公司並未遵守法規。

鐵路公司主張他們已經遵守規定，但火車頭不是車廂，而且不管如何，他們都配備了「自動連結器」。上訴法院認同這種答辯。[28]小哈特與薩克斯則駁斥這種文義方法。「車廂」與「自動連結器」這些詞的意思是模糊的，但基於該成文法的目的是讓工人不必在貨運車廂與火車間穿梭以保障工作安全，所以它的意思是要納入火車頭，並要求能夠互相配合的連結器。最終聯邦最高法院同意了這樣的主張。[29]

文義論有個問題在於不符合語言作用的方式。小哈特與薩克斯依循維根斯坦的語言觀點：[30]文字本身並不承載意義；文字有其脈絡，而且要參照使用文字的目的。小哈特與薩克斯以一系列的「笑話」來加以論述：「酒保收到一個微醺客人送給他一隻活龍蝦當作禮物，他回說：『感謝，我會帶牠回家晚餐。』客人回答說：『喔，不用了。他吃過晚餐了。帶他去看電影吧。』」[31]從脈絡來看，意思很清楚。就因為意思被弄擰了，文義解釋變得很可笑。這顯示小哈特與薩克斯似乎認為論理式闡明不只是從政策角度來看**更好的**解釋方法。他們認為從語言如何作用的角度來看，那才是**正確的**方法。法形式論者不只在政策的角度上犯錯，甚至對我們法律制度的運作方式有所誤解。他們的錯誤也在於對語言作用的哲學觀點。

除了運用控球後衛的假設與採用特殊方法，法院還有一項特別之處在於它們只處理某些類型的案件。法院的資源配置不足以處理其他類型的案件。小哈特與薩克斯就此認同富勒的主張。法院善於處理兩方當事人以法律權利為基礎的爭端；他們不善於多中心的、展望性，而且以權衡相互衝突的社會利益與政策為基礎的爭端。舉例來說，它們不應解決政治問題。在《法程序》中有個例子是著名的「揚斯敦鋼管公司訴索伊爾案」（*Youngstown Sheet and Tube Co. v. Sawyer*）[32]，那是韓戰期間的案件。為了因應鋼鐵業的勞資糾紛，杜魯門總統查封了煉鋼廠。罷工會影響戰事所需的鋼鐵供應。對小哈特與薩克斯來說，這是複雜的政策問題，不應由法院做判斷。

小哈特與薩克斯也提到一段有趣的小插曲：「晚餐邀約」。[33]受邀的一位客人知道主人惹上特別的麻煩，但還是答應邀約，也告訴別的客人他會參加。但是他那天沒到，主人覺得很尷尬。這裡存在契約所有的形式要素，但是小哈特與薩克斯認為法院不應介入。有些類型的糾紛法院不應該處理。

如果法院試圖運用論理式闡明來解決規範曖昧不明的問題，卻發現規範目的本身也不清楚，又該如何？再次假想有個城市的法規禁止車輛進入公園。如果該項法規的目的是要減少公園內的污染，腳踏車就不是車輛。但如果它的目的是要確保公園是個安全的地方，可以讓小孩在那裡玩耍，腳踏車或許也是車輛。到目前為止，這種方法尚可。但如果市議會到底想做什麼是不清楚的呢？或者由於議會是由許多人組成的，不同的人有不同的目的。法院該如何解決這種情況？或許目的是明確的，但也可能是不明確的。

法律生活存在於更高階的法律決定的「影子」下。因為有聯邦最高法院，我們的法律結構有個程序的頂點。小哈特與薩克斯提到「法律秩序的大金字塔」（Great Pyramid of Legal Order），[34]只有少部分的法律糾紛會進到法院，而進到上訴法院或聯邦最高法院的更少。這主要是程序的點。但我們可能也有目的的大金字塔。理論上，法院可以持續沿著金字塔拾級而上，尋求更高的目的以解決下層目的不明確之處。如果金字塔到達頂端，論理式闡明最終可能得到正確的答案。

然而，要進行這樣的工作，我們的法律文化必須大致上對最終目的達成合意。我們必須有具充分凝聚力的文化。對小哈特與薩克斯來說，金字塔頂端的終極目的大致上屬功利主義。法律制度的終極目標就是要極大化地滿足公民的需求與想望。[35]他們認為這是相對上較沒有爭議的主張。至少他們沒花太多時間爭辯這點。重點不在於他們認為金字塔的頂端是什麼，而是在於他們似乎相信頂點只有一個，亦即我們有相對具凝聚力與共同目標的社會。稍後我們會回頭探討這種社會觀是否說得通，無論是在一九五〇年代或今日的情況。[36]

法學教育的標準方法

羅納德・德沃金（Ronald Dworkin）可說是二十世紀晚期最有影響力的法哲學家。他第一次在《哈佛法學評論》發表的文章〈疑難案件〉（Hard Cases）[37]，以及之後在一系列的書裡[38]，提出類似小哈特與薩克斯的主張。藉著深入探究法律制度的目的，包括深層的道德信念，我們可以解決規範不明確的問題以確認「正確的」答案，即使疑難案件亦然。德沃金的法哲學精闢入微，而且持續演進多年，在此無法詳述。但是它很像論理式闡明的概念，主要差異在於德沃金的道德哲學是以道德權利為基礎，而非功利主義。德沃金以小哈特與薩克斯（以及富勒）的法理學著作，以及羅爾斯的康德式道德哲學，做為建構自己理論的基礎。雖然他可能並未充分提到這些前輩。對德沃金來說，最深層的道德理論也是法律的一部分。即使純粹的法律材料是曖昧不明的，道德以及它們協助判斷的個案還是發揮了「引力」[39]，影響著如何裁判未來案件的方式。

德沃金的方法能否奏效，取決於背後的道德理論本身是否容易被合理清楚地解釋。我們將在第七章看到這並不容易。但就目前來說，重點在於瞭解小哈特、薩克斯與德沃金如何運用我們文化的道德信念以解決法律規範表面的曖昧不明，從而回答法唯實論的問題。

那麼小哈特與薩克斯的論述有什麼問題？問題之一在於他們（與德沃金）似乎認為我們愈深入探究道德價值，就愈能達成合意。他們認為金字塔有個頂點。這在一九五四年時可能還說得過去。我們為這個世界抵抗法西斯；我們團結一致努力讓國家在經濟上持續前進；我們想要改善種族正義（至少在小哈特與薩克斯所在的圈子內）；我們也對抗共產主義。當然，圈內還是有一些政治論辯，例如有關工會的爭論，但是我們在重要目標上仍有適度的團結。之後發生了越戰。進入一九六〇年代晚期與一九七〇年代，我們就難以主張在最深的層次上，我們有共同的目標。

第二個問題則是小哈特與薩克斯表示法官應該採用論理式闡明，但他們是基於什麼立場這樣主張？他們有什麼標準？他們是描述我們司法制度的社會學家嗎？還是他們主張法官運用論理式闡明會讓這個世界變得更美好？抑或他們主張論理式闡明是哲學上唯一說得通的語言解釋方法？他們對這些問題沉默以對。他們並未告訴我們應該用什麼標準來判斷他們的理論是否得當。

第三個問題則是小哈特與薩克斯迴避憲法問題。[40]法官開始遵循進步派的刑事司法議程與其他憲法問題，裁判認定許多成文法與實務做法是違憲的。甚至早在一九五四年，聯邦最高法院即做出「布朗訴托皮卡教育委員會案」的裁判。[41]而「格里斯沃德訴康乃狄克州案」（*Griswold v. Connecticut*）[42]的裁判則是於一九六五年做成，之後則是一九七三年的「羅伊訴韋德案」（*Roe v. Wade*）[43]。但是小哈特與薩克斯對於裁判認定成文法違憲抱持懷疑態度。法程序論的主張僅止於過程。它涉及不同法律機制之間的對話與調整，例如私法自治、立法機關、行政機關與法院。裁判認定某個行為或法律違憲就破壞了對話。布朗案同樣有以社會科學與社會政策為基礎的缺點。那是多中心政策的方法，並不適合由法院來進行。所以在學術菁英間風行司法審查的時代，小哈特與薩克斯對於司法審查抱持懷疑態度。舉例來說，他們質疑布朗案判決並非政治有利的。

此外，小哈特與薩克斯所有反對形式論的立場，卻又需要形式論才能讓他們的制度運作。想想三個例子。在鐵路自動連結器的案例，對成文法進行文義解釋是不恰當的，因為文字本身並無意義。人們必須探究目的與脈絡。成文法的目的是要提升勞工安全。但假定有個鐵路工人從無欄杆的車廂頂部掉下來，他是否有權依據自動連結器的相關法條求償？畢竟法條目的就是要維護工人安全。條文沒提到欄杆有什麼關係呢？在詹金斯案的分潤租約中未曾提到店主搬遷的可能性，法院卻在租約中解讀出這種可能性。所以為什麼不在鐵路法中解讀出其他危險情況？小哈特與薩克斯確實分析了許多案件以區分擴張與限縮語言解釋。但重點在於，即使不談目的與脈絡，文字本身可能的意思確實是有界限的。自動連結器的法條就是不能適用到欄杆。那麼為什麼一開始不直接停在文字上，還要探討目的？為什麼這麼做會比引用勞工安全目的以擴張成文法適用範圍到連結器之外更加恣意呢？

小哈特與薩克斯似乎也犯了「單一規則只有單一目的」的謬誤。在自動連結器的案例，立法機關可能權衡各種相互衝突的目的，例如工人安全與鐵路營運成本。就車廂的自動連結器來說，權衡結果偏重安全。但值得為此讓某種類型的自動連結器獲得獨占地位嗎？那可能在其他方面就失衡了。我們無法確知。我們如何能根據一種妥協的結果做推論呢？契約也是如此。或許在詹金斯案裡的房東願意賭那個店主不會搬家呢？

運用論理式闡明的根本原因為何？或者說，論理式闡明究竟是什麼意思？它確實表示法官不應該因為在詹金斯案裡契約並未提及搬遷的可能性就駁回案件。相反的，法院應該進行論理式闡明。但是為什麼呢？原因之一可能是這種判斷方法更能達成法律制度的目標。它可以幫助個人最大地滿足他們自己的想望與欲求。但如果以實證角度來看，要求法官做文義解釋有助於提升可預測性，並因此比論理式闡明更能促成當事人實現他們的目標呢？在那種情況下，小哈特與薩克斯不會偏好文義論嗎？但他們未曾考慮這一點。他們似乎不論如何就是執意要採用論理式闡明。那不也是一種形式論嗎？

假想法院的角色就是控球後衛。如果法院決定國家勞動關係委員會是適當的決策者，而且該機關已經盡到它的職責，那又如何呢？但如果有個決定很糟糕又如何？那不會有損遵循該機關的目的（讓人民的想望與欲求獲得最大程度的滿足）嗎？小哈特與薩克斯似乎不論如何都予遵循，因為那是法院的「職責」。但那不就是小哈特與薩克斯試圖批判的形式論嗎？如果法院探討這個最終目的，不就是做了立法機關委託它做的事情嗎？那正是法唯實論者的主張。

最後，法官豈不是很容易「作弊」嗎？難道法官不能找出符合自己政治觀點的目的嗎？難道她不會因為固執己見要得到某個結果而越俎代庖嗎？大法官金恩正是如此主張。

所以《法程序》的內容看來就有很多問題。但是對於法律制度來說，任何有力、豐富且有趣的論述都可能有這些問題。對於法唯實論者提出的某些問題，小哈特與薩克斯仍然提供相當有效的回答。的確，法院的作為有時候就像是制訂政策，而如果他們有失謹慎，看起來就像是以立法者自居。這主要是因為法律規範的模糊性。對此小哈特與薩克斯完全同意。但這些模糊性當中有許多是可以透過探求脈絡與目的加以解決的。至少他們描述了一種方法論可以大幅減少哈特所說的半影之處的面積。而法院必須解決這些曖昧之處，因為它們還承擔別的角色。立法並不適於解決個別當事人之間以事實主張為基礎的爭端，而且需要有人扮演控球後衛的角色以確保不同的機制以及整個法律制度均善盡職責。有些地方未盡完善，或許不應該為此苛責。

無論如何，小哈特與薩克斯合理闡明的方法論已成為法學教育的標準方法。即使今天，它還是標準的法學論理方法。法院應該留意他們試圖解決的案件屬於何種類型。法院擅長於某些事物，但不擅長於其他事物。這在今日世界是個重要警訊，因為法院時常被要求處理異常複雜的社會問題。

小哈特與薩克斯對於法學教育的基礎規則深具影響力（就像德沃金一樣）。如果法律的不明確之處可以藉由觀察背景的規範與道德理論來加以解決，而那些規範與道德理論確實屬於法律的一部分，難道不應該在法學院中加以研究嗎？在二十世紀晚期，我們確實看到出現了許多法學教授以相關的規範學科領域為基礎，例如法律與經濟學，以及各種派別的道德與政治理論。而新一代的法學者批判法程序學派的論述，構成了批判法學研究運動。我們在適當時機會回來談這個議題。

然而，我們要繞段路，先探討可能幫助我們解決法律規範之模糊性的道德理論類型。那些道德理論中有沒有哪一種能有效地達到此種目的呢？如果真有這樣的道德理論，那麼對法程序學派的批判論述應該就不具有多大的效力。相反的，批判法學研究只是反對的學派。相對於其他學派，批判法學研究的地位就像是紐加斯最高法院某位新任的大法官，他的法理學觀點不同於大法官金恩、韓迪與福斯特。所以批判法學研究運動的重要性取決於檢視可支持法程序學派解釋方法的不同道德理論。而結果顯示，這些道德理論還有其他吸引人之處，因為它們論及法律的政治與道德正當性，以及我們有無道德上的義務必須加以遵守。

第七章

兩種道德理論

我們已經描繪了法官如何據以審判案件的法理學理論的歷史演進。檢視批判法學研究如何回應法程序學派時，我們會再回到這個進程。但除非我們理解與衡量法程序學派解決法律規範模糊性的方法中，位在法律目的金字塔頂端的道德價值所扮演的角色，否則我們將無法完全明瞭法程序學派為什麼容易受到批判法學研究的影響。而要瞭解與評論道德的角色，必須理解法程序學派最終用以支持其論理式闡明的兩種道德理論。這些理論存在於法程序學派的背景舞台。

道德理論令人感興趣的原因很多。我們利用（時常是默示地）它們批判個人行為或社會安排，包括法律規範的內容。立法者制訂法律時想必會受到道德或規範原則所驅動。即使最堅定的實證論者也肯定這一點。

某些道德問題與法律結構本身有更密切的關聯性。其中一個問題如下：法官應該採用哪一種方法論？我們可以從法律角度來回答這個問題，例如契約與立法解釋的明顯意思規則（plain meaning rule）；我們也可以從道德觀點來回答。就像其他社會實務，對於法官的論理方式我們可以進行道德分析與批判，而有多種道德理論可以做為分析與批判的基礎。

我們也可能會問：國家設立法律制度是否符合道德？什麼樣的道德理由可以

正當化法律制度的強制性？或者從個人的角度，我們有沒有遵守法律的基本道德義務？明文的法令即屬法律這樣的事實是否帶來道德義務？這些都是道德問題，而不是法律問題，但它們也涉及法律的本質，而不僅關乎其內容。

法程序學派突顯道德理論可能以另一種方式與法律有關。對富勒、小哈特、薩克斯與德沃金來說，在引起歧義的個案中，法律的意思只能參照它想要促進的道德價值來確認。因此這些道德價值與法律無法分離；它們就是法律的一部分。即使「純粹」的法律論證有時候也會參照這些背景的道德價值。當道德理論變成法律的一部分，它也成為法學院課程的內容。如果問法學院新生某個法律是否公允，這不只是有趣的社會倫理問題，而是要求她判斷特定法律的道德基礎，從而她能用這些基礎解釋法律，並在其他情境下適用法律。

這種方法應該可以回答法唯實論者的質疑，亦即法律的模糊性是無解的，而法官在判斷個案時只是強加其政治價值而非「遵守」法律。法官在確認法律意義時所採用的道德價值，並不是法官的道德價值，而是立法機關或早期法院的道德目的。所以法院是「被動的」。但是要能回答法唯實論者的質疑，需要明確的道德理論做為基礎。而我們只能藉由檢視各種道德理論的運作方式加以確認。

所以我們對道德理論要進行三種層面的探討：它怎麼解釋國家具有強制人民的道德權利？它怎麼解釋人民具有遵守法律的道德義務？以及它能否完成法程序學派賦予的任務，藉由解決法律規範的模糊性以回應法唯實論者？

功利主義與社會契約論

我們可以從不同文本探究道德理論。十誡或〈利未記〉（Book of Leviticus）這類宗教文本設定了一套規則體系，規範特定的道德行為。《伊里亞德》（*The Iliad*）與《奧德賽》（*Odyssey*）呈現人類行為的輪廓，也可視為一種道德理論，就像孔子的《論語》及道家。但是相較於從文本中擷取道德理論，我們應該直探西方傳統中兩種主流道德理論，它們主導了我們法律制度的道德議題分析——這兩種理論就是**功利主義**與**社會契約論**。

首先是對道德理論本身的一般論點。道德理論通常著重在兩個研究客體。一是人類活動的適當目標，或者道德哲學家所稱的「善」。[1]人類應否追求物質富裕、美、友誼與愛、榮耀上帝，以及其他？第二則是對與錯的規則或準則，藉此約束我們追求善的方法。這是道德哲學家所稱的「正」（the right）。[2]辨別道德理論中**善**與**正**的概念是很有用的。

其次，瞭解道德理論中**善**與**正**的關聯性也很有用。有些道德理論會藉由探問某個行為會增加或減少善來衡量該行為是否是對的。這些主張通常被稱為「結果論者」（consequentialist）的理論。行為的結果如果能夠提升善，則那個行為就是對的。判斷正誤的規則是製造善果的工具。其他道德理論則時常被稱為「義務論」，其據以判斷行為正誤的標準中，有些與行為結果是否增加或減少善無關。功利主義是一種結果論，而我們將討論的社會契約論則屬於義務論。

功利主義的主要人物是英國哲學家邊沁[3]與約翰．史都華．彌爾（John Stuart Mill）。[4]功利主義主張一個行為能讓人類幸福最大化，就是道德正確的。它認定善就是人類的幸福。[5]因此功利主義認為讓善極大化就是對的事。所以它屬於結果論。它是結果論的典型代表，有時也被誤認是唯一的結果論。事實上，有些結果論認定的善並非人類的幸福。我們可以主張榮耀上帝是善的，並且只問某個行為能否極大化或增進對上帝的榮耀，從而判斷那個行為是不是正確的。或者我們可以主張善就是美，從而認定能讓美最大化的就是正確的行為。儘管如此，功利主義仍是最廣被接受的現代形式的結果論。

許多文獻評論功利主義的優缺點。[6]功利主義派也有關於人類幸福包含什麼的辯論。[7]它是人類選擇滿足的最大化（類似市場理論），或者它包含極大化大腦的興奮感？這種差異對於理解彌爾著作中的議題很重要。在其專論《功利主義》（*Utilitarianism*）[8]中，彌爾主張正確的行為就是能極大化人類幸福的行為。但是在《論自由》（*On Liberty*）[9]一書，他主張國家不能干預利己的行為。後面這條定律似乎屬於義務論，而不是結果論。如果國家干預個人自由的結果確實能促進人類幸福，那又如何呢？答案可能在於彌爾將人類幸福定義為滿足人類選擇。[10]如果他將幸福定義為人類大腦某種神經狀態，他作品中的兩個部分可能就互相矛盾。[11]

功利主義另一項內在爭論則是我們如何比較不同人的幸福。[12]我們如何知道某個人幸福或痛苦的感受不比另一個人強烈？為什麼焦點只狹隘地放在人類身上？為什麼不包括所有有知覺的存在，包括高等動物？或者為什麼納入所有人類？為什麼不聚焦在我族或政治實體的幸福？我們是要追求極大化幸福的總量，還是平均幸福呢？幸福像溫度，或是一種熱能？一杯茶這樣的小確幸可能頗具溫度，但肯定沒有多少熱能。海洋那樣大的物體可能溫度不高，但能產生更多熱能。這些差異會衝擊到影響所有人口的政策。

判斷極大化幸福的時間區段是什麼？[13]是否要為了一個世代的極大幸福而採取先苦後樂的政策。如果是一個世代，我們可能傾向較早享受成果。關於正確的時間，並沒有客觀上的「正確」。對個人來說，在預期的生命中讓幸福極大化是合理的，但是那並不表示我們不珍視未來世代的幸福。

以功利主義解答特定的道德問題時，其結果必須視問題而定。在得出答案前，功利主義根本沒有固定的方向，而且無可救藥地含糊，必須取決於實證問題。所以功利主義似乎無法處理法程序學派學者心裡的問題：藉由更深入探討我們的道德價值以解決法律規範的模糊性。

上述這些是概念性問題。功利主義也有規範性的問題，因為它未能妥適描述我們本能持守的道德判斷。我們當中大部分人都認為奴隸制度在道德上是錯誤的，**無論它的結果為何**。功利主義者可能主張奴隸制並不能極大化人類的幸福。無論它能為奴隸主帶來什麼「利益」，都必然因為對奴隸的損害而加以抵銷。但多數人認為對奴隸制度的道德譴責不應取決於這樣的計算。奴隸制度就是不對的，無須權衡其後果的利弊得失。

哲學家喜歡用兩個假設情況來闡明這一點。這兩個情況都涉及自動駕駛的失控電車撞向在軌道上工作而未察覺電車飛奔而來的五個人。[14]其中一種假設情況是，有個旁觀者恰好就站在鐵軌轉轍器旁邊，可以拉動機器讓電車轉向一條支軌，而那裡有另一個工人，不曉得失控的電車將至。只要拉動轉轍器，那個旁觀者就可以拯救即將被電車撞上的五條性命，雖然會害死另一個在支線上工作的工人。在第二個假設情境，有兩個旁觀者站在軌道上的天橋看著電車奔向那五個工人。其中一個旁觀者體型很大，如果他掉落到電車前，可以擋住電車避免撞死那五個人，不過他自己也會被電車輾斃。因此另一個旁觀者可以將那個體型較大的人推下橋，讓他落在電車前而拯救五條人命。在任一個假設情境中，都可以採取殺害另一個人的行動以拯救五條人命，所以行動的後果都是一樣的。然而，顯然兩種情況下行動的道德性是不同的。功利主義者認為在兩種情況下，旁觀者的行動在道德上的可容許性是相同的。對他們來說，殺害一個人以拯救五個人是正確的行為。然而，直覺上只有第一種情境勉強可說是可容許的行為，因為在此種狀況下，死亡的結果可說是拉動轉轍器讓電車轉向支軌的副作用。在第二個情況，旁觀者的行動在道德上是錯誤的，因為直覺上以故意殺人以拯救另外五個人的手段是不道德的。功利主義者可能會表示，認為在兩種情況下旁觀者的行動有道德上的差異是錯誤的。但是此處的重點不在於解決道德哲學中的特定爭議，而是指出人們察覺到的功利主義的問題，或者也是所有結果論的缺陷。根據我們的直覺，有時候某個行為的對與錯並非完全只繫於其後果。

功利主義的另一個規範性問題在於不斷且過度地要求。它總是「開啟」狀態。它時時刻刻判斷著我們，在我們每一次失敗的時候論斷我們。[15] 即使在我寫作之際，在讀者閱讀之際，我們也不是道德正確的。的確，除了寫作與閱讀，我們必然可以做些其他的事來提升總體幸福。我們可以捐血，或者賺更多錢捐獻給戰爭難民。我們銀行帳戶裡的錢若交給紅十字會，一定可以比我們自己無論什麼目的的花用得到更大的善。功利主義確實是個好的警告，告訴我們如果不那麼「自私」，往往可以更有效地善用資源。但是如果我們沒有時時刻刻持守利他之心，我們真的認為自己是「不道德」的嗎？偏好把錢花在自己家人身上，而不是捐給那些因為戰爭而分裂的國家難民，難道就一定是「不道德的」嗎？重點並不在於解決這些道德問題，而是功利主義未能讓我們可以放心為個人理由而做選擇。個人始終必須極大化總體幸福，而不能只圖謀自己的利益。

或許我們確實藉由賦予人們「權利」，讓他們可以免受效益的拘束。我們可以隨己意行使「財產權利」，而這樣的權利設計可以獎勵人們更努力工作並進行投資，長期而言將有利於效益的提升。這種方法有時被稱為「規則功利主義」（rule utilitarianism）。[16]這種概念是指如果可以極大化人類幸福，規則就是正當的，而這種規則可以裁判個案。這是與真正的功利主義（行為功利主義）不同的道德理論。但或許在功利主義下，規則對於幸福的貢獻只是一種經驗事實。在任何時刻，行為者都必須判斷個人行為對權利制度的負面影響是否超過對幸福的貢獻。這樣的公式需要時時進行效益計算，雖然規則的效應現在也成了部分的計算。它可能讓人可以有些餘裕謀求己利，但那樣的計算仍然讓人殫精竭慮。

儘管有這些疑慮，但功利主義確實在常識上有其吸引力。我們時常在日常對話中聽到功利主義的論述，尤其談論到廣泛的社會政策時。我們該採取什麼樣的稅賦政策呢？讓我們試著確認什麼樣的稅率最有益於總體幸福。事實上，我們的道德考量不僅於此。有些人更關切稅賦制度中的不平等，或者稅制對於市場中個人自由的損害。但我們很難否認功利主義的論述在這類議題中是極為普遍的。

我們有無道德義務遵守法律

無論如何，我們對功利主義的認識已經足以處理法律理論可能對道德理論提出的問題。第一個問題在於國家有無道德正當性可以強制公民守法。對功利主義來說，答案似乎是相對肯定的。當然，強制會損及個人自由，但對功利主義來說這不成問題。功利主義者並不是為了自由而提倡自由，他們的目的在於極大化人類的幸福。自由本身可能有益於人類幸福，但那是實證的問題。只要我們的法律制度本身可以讓幸福極大化，功利主義者就心滿意足了。

這讓我們回到第三章。法律是中央化、強制化、形式化的制度。這些特徵具有提高可預測性、讓專家可以集中地對複雜議題做成決定等各種益處。於此同時，這樣的制度也有配對錯誤、守舊錯誤、疏離與其他各種缺點。如果我們將這些正面與負面效應加總，就能判斷法律是否有益於幸福。

倘若問題在於我們是否應該建立任何法律制度，功利主義很容易給出解答。而最終那是實證的問題，但顯然至少建立某種法律規範可以提升人類總體的幸福。如同霍布斯的名言，沒有法律，生命會是「孤單、貧窮、可憎、殘酷也短暫的」。[17]

但是對功利主義來說，只回答是否該建立法律制度並不能結束討論。第三章提到的各種特徵有程度之別。我們的法律制度可能在某些特徵上強一些，在某些特徵上弱一些。中央化、形式化、強制化的程度可能或高或低。法律介入我們生活的面向也或高或低。這些都繫於法律規範的結構。可能有些法官在行事上更像金恩、韓迪或福斯特。對功利主義來說，這些特性可能有最適水準，至少在理論上如此。由於我們已非無政府狀態，制訂「更多」法律的效益可能非常高，而其負面效果相當低。然而，隨著法律愈來愈多，增訂法律的邊際效益將會遞減，負面效應可能會遞增。臨界點落在哪裡並沒有簡單或可行的方法可以確知，所以這種模型既是隱喻，也是分析性事實。重點在於功利主義認為增訂一些法律會提升人類的幸福，但也可能法律太多了。

此外，法律的正面效益與負面影響在不同領域可能有不同的感受。在商業交易中，可預測性很重要，從而互動疏離的風險相對較小。然而，在刑事法或兒童福利的領域，情況可能恰好相反。我們可能希望在證券市場有更多的中央管制，但是在臥室裡則否。我們可能希望在孩童監護權上有更多的彈性標準，但在稅法上則有更形式化的規則。確實，那就是我們當前法律制度的實際狀況。

最後，功利主義會藉著確認能讓人類幸福極大化的方法來回答這些問題。它的答案可能是模糊的，但是論述的方式則相當明確。而其答案必然是不會完全放棄法律制度。

第二個問題是第一個問題的反面：即使國家具有道德正當的理由可以制訂法律制度，個人有何道德義務服從法律制度？個人有無任何道德義務必須遵守法律？個人的道德義務有時候恰好要求他們做法律要求他們做的事情。功利主義者會認為無故殺害另一個人是不道德的。恰巧地，甚或可能因為這樣的道德判斷，法律也規定殺人是違法的。問題在於一個行為事實上不法，是否就表示個人有道德義務必須避免這樣的行為。

對於這個問題有三種可能的答案。[18]其一是某個行為也具有不法性對於個人的道德義務毫無影響。根據這種方法，法律對道德義務來說是透明的。[19]我們應該直接穿透法律，探究最終的道德標準以確認我們的道德義務。由於透明，行為具不法性對於道德義務毫無影響。第二種可能的答案則是我們有絕對的道德義務必須遵守法律。依據這種方法，法律是不透明的。[20]如果我們知道有法律義務要做什麼，我們就不需要再探討有沒有道德義務這麼做。第三種可能答案則是法律對行為的處理方式可能產生不同影響，但對於道德義務來說則非決定性的差別。法律是半透明的。[21]我們將穿透法律，檢視終極的道德標準，而法律的存在會**影響**我們的觀點，但它不會完全**阻擋**我們看到終極道德準則的視線。

對功利主義來說，顯然就我們的道德義務而言，法律應該是半透明的。如先前討論，透過法律制度來組織各種事務會以複雜的方式有益於整體的幸福。藉由提升可預測性，它讓我們可以規畫自己的事務，從而提升整體的幸福。但它有時候也因為配對錯誤與守舊錯誤，而減少整體的幸福。如果一個功利主義者在權衡得失後認為，法律制度的存在大致上提升的總體幸福會超過沒有法律制度的情況，那麼他在判斷道德義務時會將這個事實列入考量。他在個案中會先詢問行動對總體幸福的影響，而後考量個人服從與否對於其他人是否遵守法律會不會有任何影響。如果他闖紅燈，別人是否也會闖紅燈，從而讓人更難信賴交通法律？他也會考量規則通常是由更專業也更有知識的人決定；相較於那些制訂法律規則的實體，個人可能有所偏私。簡言之，功利主義會衡量某個行為所有的利弊得失，加總以後判斷自己的服從或不服從對於其他人的行為可能造成的影響，以及從而對於法治可能造成的影響。[22]法律禁止某個行為這個事實本身也可能支持某種守法的道德義務，但其影響或許不及行為本身的負面後果。

實際情況可能更加複雜。一個功利主義者可能認為我們生活的社會裡已有太多法律。或者她可能認為我們社會的人們普遍盲目地遵守法律。若是那樣，有個不服從的範例實際上可能會產生正面的影響。因此，僅僅具體行為不合法的事實本身即可能讓人有**不服從**的原因。簡言之，功利主義也會提到法律本身對人類幸福的影響，而個人決定服從或不服從也可能對制度的效能有所影響。而這一點又會成為功利主義評估特定行動正確或錯誤時的計算式。但它仍非決定性的影響。

關於我們有無道德義務遵守法律的討論，時常也包括公民不服從的討論。尤其在十九與二十世紀，公民不服從是政治抗議活動的有力形式。亨利·大衛·梭羅（Henry David Thoreau）的論文〈公民不服從〉[23]廣為人知，甘地的政治運動、一九六〇年代的反戰示威者以及民權運動者（尤其是金恩博士）也深受影響。公民不服從有許多版本，但經典版本則是不服從法律以抗議法律的不道德性，只要這樣的不服從是公開的、和平的，而且是基於良心。[24]抗議者必須也願意接受懲罰。在二十世紀下半葉的美國，由於抗議者經常宣稱他們不服從的法律不僅是不道德的，也是違憲而不法的，從而使公民不服從的運用變得更複雜。抗議者時常不願意接受懲罰，因為他們認為自己的不服從行為並非不法。有些反戰抗議者逃到加拿大以躲避懲罰。可以說公民不服從有許多種形態。

公民不服從頗為適合功利主義者的框架，即使抗議者本身並不倚賴功利主義。相反的，他們的論述仰賴和平主義、平等、自決或反帝國主義。問題在於功利主義者如何評估不服從。有效的功利主義策略可以讓人拒絕遵守特定法律，卻能極小化不服從對整個法律制度的負面影響。如果不服從的「傳染效應」可以局限在某些儀式化的事件，亦即公然、公開、和平且為了良心而不服從，而且抗議者願意接受懲罰，則抗議者或許能夠極大化特定行為的功效，而又將不服從可能對整體法治產生的負面影響極小化。和平靜坐抗議不公義的戰爭，同時又願意接受懲罰的後果，這樣的行為不太可能影響其他個人遵守法律或納稅的意願。

對於所有這些問題的回答可能都很模糊，但是功利主義者的分析架構相對上很直接。它可能無法確切地回答問題，但至少提供一致的論辯方式。功利主義者對這些問題的分析採用了人們直覺上很熟悉的權衡行動利弊得失的方法。無論就哲學觀點來說功利主義可能存在任何缺點，至少它聽起來確實是政治對話的風格。

盧梭的社會契約論

對美國法理學的歷史探究帶來三個問題。對法程序學派來說，需要一個背景理論可以解決法律規範的模糊性，以駁斥法唯實主義主張法官藉由參照自己的政治與道德偏好來解決這些模糊性。對富勒、小哈特及薩克斯來說，那樣的背景理論似乎就類似功利主義；但對德沃金來說則非如此。法律制度的目的是要讓人民的喜好獲得最大的滿足。問題在於功利主義能否履行富勒、小哈特與薩克斯賦予道德理論的任務。如果成文法的意義，甚或其目的都是不明確的，功利主義能否解決這些模糊性？

功利主義確實難以履行那樣的任務。乍看之下，某種解釋會增加或減少人類的總體幸福必然取決於無確切答案的實證問題。但有些問題是容易的。我們可能同意廢除高速公路會減少人類總體幸福。可是我們面對的大部分問題，例如要不要興建某一條高速公路，必然會引發正反雙方的論證。而且當我們更深入探究大部分讓人困擾的法律與社會問題時，欠缺明確而正確的答案會更加常見。

功利主義在某些方面有更多根本的不確定性。什麼是人類的幸福？經濟學家可能試圖運用等值貨幣做為計算標準以解決此項技術問題，[25]但即使在今天，行為經濟學這樣的領域也不斷挑戰古典經濟學。[26]而且就算我們可以就人類幸福的衡量標準達成共識，問題在於如何界定極大化幸福的時間區段。

即使可以克服所有難題，我們還有如何針對個別決定權衡利弊得失的方法論問題。那不就是立法者所採用的政策導向方法論嗎？法程序學派不是主張法院的行為方式不同於立法嗎？所以我們在回答法唯實論者的問題上仍無多少進展。富勒不是說過這是多中心的問題，法院不適合處理嗎？富勒試圖證明在我們的政府結構裡，法院有其特殊的角色與方法。功利主義看起來像是我們預期立法執行的政策權衡。

讓我們停下來仔細想想。法程序學派主張道德信念是解釋方法論的一部分，從而是法律制度的一部分，他們讓我們關注如何以道德理論解決法律規範的曖昧之處。功利主義確實提供我們理解法律制度與其道德義務的觀點，但是若要減少法律規範中的模糊性，它並非有效的方案。

二十世紀晚期另一個主流的道德理論則是義務論，它不論後果，只談權利。它是仰賴社會契約概念的一種政治與道德理論。德沃金偏好用來解決法律規範模糊性的方法就是此類理論。當代哲學的社會契約概念至少可以回溯到霍布斯[27]與洛克[28]，但我們將探討盧梭、康德與羅爾斯提出的晚期理論。

在忠於個人自由之下，國家有何正當性強制個人？如果我們相信君權神授，國家就更容易具正當性。如果上帝主宰宇宙，指定君王統治國家，由此就可推知君王律令在道德上是正當的。但當我們不再相信君權神授，國家又有什麼道德權利可以對人民進行強制？

社會契約論借用日常生活中的常識性概念。個人在日常生活中如何行使自由來約束自己？締結契約。那麼何不用這樣的概念做為隱喻，解釋為什麼我們集體有義務遵守法律呢？我們透過合約拘束自己，因為我們可以獲得某種交換條件。用契約來解釋我們的政治義務又是什麼樣的推論？對霍布斯來說，那是為了獲得和平與安全。他認為活在自然狀態下，也就是沒有法律的狀態下，必然而且很可能快速引發戰爭，造成人們相互為敵。[29]在他知名的描述中，那就是所有人自相殘殺的戰爭。[30]個人會有不受限的自由，但持續面對被殺害的危險。他們會樂於放棄某些自然的自由權利以交換國家與法律制度可以提供的和平與安全。對洛克來說，交換的條件不僅是獲得我們與他人之間的和平與安全，更是要保護我們自然的財產權。[31]

這些論述是務實且直接的。就像功利主義會說公民社會有法律秩序會更「幸福」，霍布斯與洛克主張個人在公民社會中會「過得更好」。唯一的差別在於對霍布斯來說，個人「過得更好」是因為他們可以活在和平以及免於戰爭危險的保護之下；而對洛克來說，個人可以「過得更好」是因為他們得到更大的保護可以享受他們的財產。藉由「契約」的隱喻來論述，霍布斯與洛克解決了國家運用強制力以維持秩序是對個人自由的攻擊這樣的反對意見。在自然狀態中的個人會願意**自由地**放棄一部分的自由以獲得這些保護。霍布斯與洛克提出有趣的政治理論，但是他們並未提出周全的道德理論，而盧梭則有。

盧梭在《民約論》（*The Social Contract*）[32]一開始有段著名的話：「人生而自由，卻又處處陷於枷鎖之中……這樣的改變如何發生？我沒辦法給你答案。什麼原因讓它變得正當？我可以回答這個問題。」[33]盧梭並不主張廢除國家。他不偏愛自然狀態中的絕對自由。相對的，他論述國家必須採取何種形式才屬正當。盧梭感嘆目前的社會狀況墮落，但他並不認為我們可能回到自然狀態。文明的進程是不可逆的。相反的，他認為我們應該關注當代社會中形塑我們性格的機制：我們的家庭、教育，以及國家。我們需要改革這些機制，以使它們能產生展現受人讚賞之特質的個人與社會。他在《新愛洛依斯：阿爾卑斯山腳下小鎮兩個戀人的書信》（*Julie, or, the New Heloise: Letters of Two Lovers Who Live in a Small Town at the Foot of the Alps*）一書中討論家庭。[34]他在《愛彌兒》討論教育。[35]他在《民約論》討論國家。盧梭的方法呼應柏拉圖在《理想國》中的主張，也呼應小哈特與薩克斯在《法程序》的方法。如果我們關心個案的正義，我們應該關心國家（以及其他影響我們的機制）的結構。我們將聚焦在國家與《民約論》。

根據盧梭的社會契約論，正當的國家是讓公民享有相當於自然狀態下的公民自由，雖然公民放棄了那樣的自由以組建國家。為了讓所有公民享有相當於個人在自然狀態下享有的公民自由，必須將國家的立法權交到人民自己手上。國家正當性必須採用的形式就是純粹或直接民主，國家的最高立法機關必須由人民組成，立法機關的每一個成員有相等的表決權。唯有在直接民主之下，個別公民遵守法律才代表服從自己，因為他就是那些法律的制訂者，而這也是國家獲得正當性的條件。盧梭主張，唯有在直接民主之下，人才能成為自行管治的行為主體，而他用自然狀態的生活交換公民社會法律之下的生活。唯有如此，每個公民才能成為自己的主人，而不是別人的奴隸。

因此，盧梭的這種社會契約與洛克（以及傑佛遜）版本的社會契約不同。在洛克的版本，個人保留某些「不可剝奪」的自然權利，以部分的自然自由交換在享受其他權利時更大的安全。[36]在洛克的版本中，他想像個人仍處在自然狀態中。而在盧梭的版本，個人必須放棄他所有的「自然權利」以脫離自然狀態，並擁有因為依據法律生活而賦予自己的公民自由。盧梭稱此種自由為「道德自由」。[37]他的社會契約是用自然自由交換道德自由。

盧梭之所以區分自然自由與道德自由，是因為他認為從自然狀態過渡到文明社會，會讓人從完全由本能宰制的生物轉化成受理性約束的生物。[38]一旦眾人團結形成具有至高主權的人民全體，每一個人都取得理性審議的能力，而能設想他們現在共同組成群體的共同利益。而且，透過這些審議得出以促進共同利益為宗旨的立法成果時，產生的法律即表述了人民全體的意志，或者盧梭所稱的「總體意志」（the general will）。[39]的確，盧梭主張立法機關的立法成果必須能代表公眾理性的行使並表現總體意志，才能稱為法律。[40]否則它們只代表眾人當中不同個人的偏私、傾向與激情之影響的總和，而不是公眾理性的結論。對於不考慮群體共益而只是將票數加總所得出的指令，若予遵守則不能理解為服從自己。那並不是道德自由的實現。

締結社會契約之後，主權歸屬於全體人民，而不歸屬於政府。[41]社會契約完全不會建立政府。公民社會中享有主權的人民全體創設政府以管理與執行他們制訂的法律，而他們隨時想要就可以終止政府。[42]人民在公民社會中創設的政府可以採用多種形式。它可能是君主制、寡頭制或民主制。[43]但無論在哪一種政治體制，主權均不歸屬於政府，主權仍然屬於人民全體。

做為主權的人民全體依據多數決原則制訂法律。如果人民全體立法時投的票能反映旨在促進群體共益的理性審議，那麼立法就是公眾理性的行使，而它的結果就是總體意志的宣告。就這層意義來說，多數人民就是總體意志的仲裁者。有關政治與選舉人群體的當代社會學理論顯示，多數決原則與理性之間的關聯性是很脆弱的。而盧梭並非不知道這種連結的脆弱性。他區別總體意志與個人偏私、傾向、激情的總和，這一點反映他確實意識到民主議會可能很輕易就拋棄理性。未審議促進群體共益的最佳方式之投票並不是公眾理性的行使。它欠缺對讓人團結在審議程序下的最終目標之基礎共識，也因此盧梭承認派系與私利可能摧毀總體意志。他的方案中有個重要部分在於，他建議在必要時採用一些措施以減緩可能鼓勵形成此種派系並強化私人利益動機的經濟與族群因素。

盧梭的社會契約論如何有助於回答我們關於法律系統的三個問題？首先，國家要符合該理論所列出的正當性要件，才有正當理由可以透過法律系統運用強制力。那是社會契約的重點所在。法律系統以看似與人民自由不相符的方式對人民行使強制力。但正當國家的公民已經因為建立公民社會而放棄他們的自然權利；他們也因此成為約束自己的法律之共同立法者而獲得公民權利。[44]這與自由並無衝突；那是自由的行使。在受到表述總體意志的法律約束之時，他們遵守的正是他們自己，因此他們是自主治理的，就像在自然狀態中一樣。當然，如果國家未能符合理論上的正當要件，那麼國家透過法律制度行使強制力是不正當的。極少國家能符合盧梭開場聲明所解釋的這些條件：人生而自由，卻又處處陷於枷鎖之中。

其次，對於那些在正當國家法律下的個人，該理論也給予他們有無道德義務遵守法律的直接答案。只要法律是行使公眾理性的結果並表述了總體意志，個人即有絕對的義務必須遵守法律。然而，如果它們只反映公民全體中個人的偏私、傾向與激情等各種影響的總和，則個人並無義務遵守法律。不同於功利主義對個人有無道德義務遵守法律提出含糊且概念不清的答案，盧梭版的社會契約論似乎提出了全有或全無的答案。那可能是極端保守的，也可能是極端革命性的。

盧梭版的社會契約論如何做為道德理論以解決我們法律規範中的模糊性？效果有限。總體意志本身並無任何內在的規範內容。我們所知的就是，多數決定的就是總體意志。那是否表示，每次只要法律規範出現曖昧之處，我們就以多數決來解決？我們會要求法官預測多數人民會怎麼說嗎？我們可以這麼做，但是對法程序學派來說，這並不是讓人滿意的答案。那等於要求法官扮演政治代理人，這正是法唯實論者聲稱法官所做的，也是法程序學派努力要駁斥的。

就像功利主義，盧梭版的社會契約對我們思考政治與道德理論的方式是有助益的。但它欠缺具體的規範內容，所以在判斷特定道德或政治議題上效用不大。盧梭讓多數人民成為總體意志的仲裁者的方式不太能夠幫助我們判斷就特定議題如何表決。法官如果試著運用某種道德理論以解決我們法律規範的模糊性，盧梭的技巧並不太有用。

然而，盧梭的社會契約以某種更深層的方式影響法律的道德分析。盧梭以隱約但重要的方式改變了我們對自由的觀念。自由並非不受任何限制，關鍵在於自治的能力。它要求的是遵守自己設定的限制。這些限制是不受個人偏私與傾向影響的決定之產物。它們是公眾理性的產物，不受個人在真實世界中的偏好與激情所影響。

這種概念呼應日常的道德與政治對話。如果我們就某個政治議題進行論辯，我們時常告誡參與者必須脫離自己的特定情境。我們在討論羅爾斯的理論時將更深入探討這一點。討論康德的理論時，我們將能夠更深入瞭解盧梭的自由概念，將之視為遵守理性的命令，而避免個人傾向的影響。

假設我深思熟慮之後決定要過得更健康、體態更輕盈。有個方法可以辦到，就是吃更健康的食物。但之後在上班的路上，我經過一家麵包店，剛出爐的麵包香氣四溢。我應該接受當下的口腹之欲嗎？或者我應該「克制」自己，服從理性以及吃健康食品的判斷？合理而言，我決定克制自己不要踏進麵包店，我會成為更自由（更自主）的人，正如奧德修斯把自己綁在船桅上，避免被女妖誘惑而致死亡，他因此變得更自主。[45]難道我們計畫自己想要變成什麼樣的人，而後堅持這樣的計畫，這麼做不是更有自主性嗎？我們可以爭辯這樣的自主是否比其他自主的主張更真切，但它確實是說得通的，甚至是很有力的論述。我們在康德的理論中將更清楚瞭解這一點。但它是從盧梭開始的。

這種自由的概念讓盧梭可以主張我們能夠強迫人們獲得自由。[46]自由並不只是屈從所有野蠻的想望與口欲；自由是依據不受這些傾向影響的理性所做出的決定而生活。我們可以禁止人們只靠自己的口欲而活，從而讓人們獲得自由。當然，這種自由的概念也可能是危險的。列寧的無產階級專政就是個例子，[47]其主張高壓強制會讓人們轉變，之後國家也會消滅。儘管如此，我們在盧梭的理論中看到有些約束確實有助於我們按照自由決定的方式形塑我們自己與我們的社會。法律、家庭與教育形塑我們，所以我們應該掌控並形塑它們。這是一個奧妙的概念，而它讓我們進入康德的理論世界。

康德的道德原則

康德出生在柯尼斯堡，普魯士東部的一個大學城，他一生大部分時間都待在那裡。傳說他的鄰居可以用康德午後散步的時間來定時。有天他並未現身，那天他收到了盧梭的《愛彌兒》。[48]如果說康德大部分的哲學論述是為了回應大衛·休謨（David Hume）的著作，那麼看來他似乎特別著迷於盧梭。在盧梭論著的基礎上，康德建構了他自己的社會契約論。他根據盧梭的論述，也處理盧梭理論的諸多缺失。

康德的哲學比盧梭的理論更廣博也更深刻。的確，他是西方傳統中最艱深也最奧妙的哲學家。他的許多著作探討知識論的問題，亦即我們如何認識事物。西方傳統中有種普遍的觀點認為，我們對事物的認知僅限於對應客觀真實世界的認知。在蘇格拉底之前的希臘哲人即已區分主體（試圖瞭解世界的人）與客體（主體試圖理解的事物）。康德挑戰那樣的觀點，他主張人類（主體）將某些概念帶進我們對世界的認知，使我們得以瞭解世界。我們的概念幫助我們形塑對世界的認知。這有時被稱為哲學界的「哥白尼革命」（Copernican revolution）。[49]就像哥白尼的太陽中心說，康德將人放回哲學的中心。

康德也區辨「本體的」世界（實際的世界）與「現象的」世界（我們體驗到的世界）。我們稍後會再說明這些觀念。此處的重點在於康德的社會契約論只是他對哲學思想巨大貢獻的一小部分。

那麼康德對於法律與道德哲學又是怎麼想的？他在兩部重要的著作中討論這些議題：《道德形上學基礎》（*Groundwork of the Metaphysics of Morals*）[50]與《法的形上學原理》（*Metaphysical Elements of Justice*）。[51]康德的道德哲學基礎在於他從盧梭的道德自由推衍出的自由概念。盧梭的概念適用在正當國家的公民。他們的自由即是遵守身為直接民主最高立法機關而自行集體制訂的法律，前提是那些法律必須表述總體意志。康德從政治社會的脈絡中萃取出這樣的概念，並將它普遍適用到全人類。康德主張，每一個理性之人，因為其理性，即能用法律治理自己的行為。[52]依據這樣的法律而生活就是自治。每一個理性的人，因其理性的力量，即有自治的能力。康德將這種自由的表述解釋為意志的自治。[53]這樣的自治就是內在或絕對的價值來源，屬所有具人性者俱有，不同於客體的相對價值，因為那倚賴於人們的想望程度。因此，康德認定前一種價值是尊嚴，後一種價值則為價格。[54]意志的自治是自由的積極表述。康德主張，這種自由是有可能的，因為理性人的意志可以僅由他自己制訂的法律來決定。雖然康德主張這樣的自由是可能的，但他否認我們有體驗這種自由的可能性。換句話說，他認為這種積極表述屬於本體自由。康得區別這種自由與意志不受自然力量決定的主張。[55]這種消極的表述是傳統意志自由的說法。康德依循傳統而主張我們可以意識到這種自由。換句話說，他認為這種消極的自由屬於現象自由的表述。

他在解釋道德形上學基礎的可能性時，主要的論述在於兩種自由的表述是彼此相輔相成的。康德主張，在宇宙中，萬物依據法則而運作。[56]自然力依據決定現象世界各種事件的因果法則而運作。也就是說，它們依循自然的法則而運作。從而，如果有任何事物不受自然力量決定，那麼它的運作即不受自然法則規制。它們受到不同的法則規制。因此，如果在不受自然力量決定的這層意義上主張意志是自由的，那麼必然有不同類型的法則規制其運作。這樣的法則就是意志做為其運作之原因而賦予自身的法則。換句話說，意志的自治來自於意志具有不受自然力決定的自由。反過來說，如果意志是自治的，那麼意志就是其運作的根本原因，而其運作即受到意志賦予自身的法則規制。換句話說，它的運作不是由自然力所決定的。因此，消極的意志自由來自意志自治。

康德利用積極與消極的自由做為論證起點，以顯示每個理性的人，因為具有理性，所以能以自己制訂的法則來治理自己。這項論述是他的道德哲學的基礎。康德主張，理性的行為就是依據自由的概念而行動。[57]一個人如果認為思考與選擇只是純粹機械性的作用力所造成的，他並未將自己理解為理性行動的人，或者將自己的行動理解為理性選擇的結果。從而，從實際的觀點來看，每一個理性的人都是自由的。由此觀點來看，一個人賦予自己符合具理性人資格的自由，其第一層意義是消極的，因為那是將理性理解為不受機械性作用力的影響。但由於有積極與消極的自由，人身為理性行動者，必須也賦予自己積極的自由。這意味著意志的自治是成為理性行動者所必要。透過這種對自我意志的理解，人就能將自己理解成道德行動者，一個能依據自己制訂的法則行事的行動者。

康德在這種意志自治的概念基礎上建立他的道德理論。這樣的論述有時有點難以捉摸，但大致如上述的說明。個人自治下加諸自己身上的法則，即屬普遍適用的道德原則。這些原則要具有普遍適用性，必須具有絕對的價值做為根基。只有自治的行動者的意志具有這樣的價值，所以這些原則要求在行動上將每一個人視為具有絕對價值，或者用康德的話來說，視為目的。這種要件表現在康德為其道德原則所提出的公式：**以將人視為目的之方式行事，而不是將人只看作手段，無論是對自己，或對另一個人**。[58]依照康德的理論，道德的基礎原則即是定言令式（Categorical Imperative），這項公式普遍被稱為「人性公式」。

人性公式含有兩項指令：永遠不可將人只當作手段，而要始終將人當作目的。康德認定第一項指令是正義的原則。它確立正當政治秩序的基礎。該項原則要求人必須依據普遍適用的法則，憑著個人的自由，以讓自己自由做出的各項選擇都能共存的方式行使其意志。[59]換句話說，我們需要承認這世界上還有別的自治行動者，所以我們應該以自己屬於目的王國之一員的方式行事，我們只是眾多自治行動者中的一個。[60]我們應該行使自己身為自治行動者所具有的自由，但不得踐踏別人的自由。[61]我們的行動應該讓我們行使自由的方式也能容許其他人有最大的相同能力可以行使他們的自由。[62]這個原則只有在有良好規制（也就是合法規則）的社會中才能獲得滿足。

康德對社會契約的這種演繹方式大體上與盧梭，甚至霍布斯與洛克的論述是相符的。在自然狀態中的個人會願意放棄他們的自然自由以確保生命（霍布斯）或財產權（洛克）獲得更可靠的保護；或者人們自願用他們自然的自由交換道德自由（盧梭與康德）。

康德接著進一步闡明我們的道德義務。如果說盧梭只給了我們總體意志，而且並未說明其內容，康德則進一步表明我們的道德義務受到定言令式的管制。為了證明定言令式如何指引我們共通的道德論理，也就是我們合理判斷自己道德義務的方式，康德採用了不同的公式，也就是普遍法則公式（formula of universal law）。這項公式要求個人的行為方式必須能讓他們的行動準則，亦即呼應其行動方案的原則，確屬他們願意視為普世法則的原則。[63]意思是，只要行動者願意讓每個人都按照相同的原則行式，這樣的行動就是道德的。這看起來有點像是黃金律（Golden Rule）。它排除言行不一與偽善。

一項行動可能以兩種不同方式違反了定言令式。首先，如果每個人都依循某項原則，依該原則行動事實上也許是不可能的。[64]如果我為了個人的好處想要撒謊，我必須想像在某個世界裡每個人都會為了自己的好處而說謊。但是在那樣的世界裡，沒有任何人會相信別人的話。那麼在那樣的世界裡，人人都不可能說謊而騙到人，那正是它所描述的情況。

在其他情況，不會發生這種邏輯上的不一致。假設我想要在人行道上吐痰。我可能需要願意讓每個人都在人行道上吐痰。那項原則並不會發生自相矛盾的情況。即使每個人都在人行道上吐痰，我仍然可以在人行道上吐痰。但這種行為可能以另一種方式違反了定言令式。定言令式要求就規範性事務來說，我真的樂意讓其他所有人也在人行道上吐痰。如果我實際上不樂意，那麼我的行為就違反了定言令式。[65]這項標準似乎排除了偽善。

有關康德對定言令式是否做了妥善的論述，有諸多論著加以討論，[66]褒貶不一。但是我們權且推定康德已做出妥善的論述，那對於我們一直探問的問題又有何影響？首先，在道德上國家確實可以對公民施予法律制度。為了保護最大程度的平等自由，從而滿足正義的原則，法律體制是必要的。而且康德主張法律制度中的強制性與我們的自由是相容的。畢竟那是從意志自治衍生而來的，也就是說，那是我們純粹的理性在不受傾向決定的自由狀態下所制訂的要求。

其次，依據定言令式，個人似乎有絕對的義務必須遵守法律。[67]要能不守法律，個人就必須設想一種她願意接受為普遍法則的公理。但那表示每個人都可以不守法，如此一來法治就會崩潰。為了實現正義原則，那是不可接受的。事實上，康德在《法的形上學原理》中對這些義務有長篇的討論。[68]他明確地表示，個人有絕對的義務應遵守法律。而如果有一場革命或政變取代了政府，那麼個人同樣有義務服從新的體制。

到目前為止，康德版的社會契約是在盧梭的版本上做改良。康德對於人類自由的本質在於由意志進行決定而不受傾向影響，做了更深的論述。盧梭只提到自由意志，但康德給予它做為本體自由的形上學解釋，將之理解為具有獨立於因果力量的現象顯現。前者是依據自訂的法則運作；後者則是根據自然法則運作。康德的形上學並非簡略，因為它還要求我們區分事物本體與體驗的現象，就像柏拉圖的形上學也區辨形式的世界與展現形式的實體世界。但康德的論述確實可以支持他與盧梭都主張的以自由做為人類本質的基礎事實。而且康德並非只為了論述人類自治而闡明這點。在他對於知識論的開創性貢獻中，這點也有重大的影響。

康德版的社會契約論在另一個更重要的面向上改善了盧梭的社會契約論。雖然這兩個版本都認為人們用自然狀態下的自然自由交換他們在法治下享有的道德自由，但康德藉由闡釋合乎道德的法律而進一步解釋法治的意義。盧梭所論述的只有合乎道德的法律，也就是正當國家的法律，是由總體意志界定的，但他並未說明總體意志的內容。那樣的理論倚賴一種恣意的主張，亦即民主共和國中的多數表意就是總體意志。相反的，康德以定言令式的形式賦予合乎道德的法律其內容。定言令式容許更大的彈性，但也對我們的行為設定一些限制。

所以或許康德的道德理論可以履行法程序學派學者要求道德理論完成的工作。或許它能解決法律規範中的模糊性。但顯然這似乎是不可能的。幾乎一切有意義的法律規範都會處理更具體的規範性判斷，而不只是問我們是否願意讓別人做同樣的事情。要判斷某個禁止車輛進入公園的規定是否適用於腳踏車，我們必須知道那項規定的制訂動機是否出於環保考量更勝於安全考量。如果只問我們自己是不是願意讓別人將腳踏車騎進公園，那是不夠的。如果功利主義必須取決於實證後果不確定的分析結論，則定言令式也是有各種可能性。

還有個更深層的問題。我必須依據我願意使其具普遍適用性的準則來行動究竟是什麼意思，那表示我願意讓別人也依據那項準則行事嗎？假設我今天晚上想到某家餐廳吃飯。因為我不想讓這件事成為普遍適用的法則，那就變成不道德的嗎？如果世界上每一個人今晚都在那家餐廳吃飯，我今晚就進不了那家餐廳了。我想要當個律師。我想要跟金結婚。如果每個人都那麼做，我就做不成了。康德確實無意非難任何那樣的行為。

答案可能是我必須更謹慎地設計據以行動的準則。我今晚會到某家餐廳吃飯，只要那家餐聽不會太擠。現在我願意讓每個人依照那項準則行事。我確實有可能那樣做，所以我的行為不會違反定言令式。

問題在於這種回應實在是過了頭。假定我想搶一家銀行。如果我不想讓我生存的這個世界裡每個人都搶銀行，看來我會不願意讓我的行動準則成為普遍適用的法則。但假定我的準則只是要讓比爾・包沃斯搶銀行。我可能願意讓每個人都根據**那項**準則行事。或者假定我不想繳稅。我可能願意讓每個人都根據法學教授不用繳稅的準則行事。還有其他諸多可能的假設情況。

定言令式的適用結果取決於準則的具體化程度。以我要到餐廳吃飯為例，陳述更具體的準則看起來是沒有問題的。為了讓定言令式可以配合我們的常識，這麼做似乎也屬必要。在此同時，如果準則只是提出包沃斯可以搶銀行，或者法律教授不必繳稅，那似乎只是「作弊」。但在康德的理論中，並未說明哪些準則是可以的，哪些準則是不行的。直覺上，我們可以區辨在餐廳吃飯和搶銀行，但那是因為我們對這些不同形態的行為做道德判斷。我們必須進行道德判斷，以此為前提才能適用定言令式，但道德判斷本來理應是定言令式要扮演的角色。如果我們必須做道德判斷才能適用某個原本理應給我們答案的規則，那麼該項理論就無法達成它原本應該發揮的效果。

我們對於定言令式不應太過苛刻。功利主義如此模糊，其中一個理由在於它取決於對結果不確定的實證評估。儘管如此，功利主義仍有助於建構我們進行道德分析的架構。它並不能給出確切的答案，但它設定基礎規則據以進行論辯。與此類似，定言令式提出一個非常有力的道德問題：你願意讓其他所有人也根據相同的原則行事嗎？答案是有操縱空間的，但那仍然對於我們如何思考道德問題有很大的影響。即使如此，康德的定言令式似乎無法發揮法程序學派學者期望能解決法律規範模糊性的功能。乍看之下，羅爾斯的理論似乎更能發揮那樣的效果。

羅爾斯的正義原則

羅爾斯在一九七一年出版《正義論》。[69]他提出一種以盧梭與康德為基礎的理論。該理論也包含功利主義傳統的要素，以及經濟及賽局理論的觀點。在富勒與小哈特在哈佛法學院發展其法理學理論之際，羅爾斯則任教於哈佛哲學系。他們三位都熱中於論證道德原則做為正當程序的產物。

羅爾斯的論述有兩個主軸。其一是發展能配合我們直覺式個別道德判斷的正義原則，有點像是數學家選擇最能呈現圖上多個點集合的算式。那可能是一條直線，或正弦曲線，或拋物線。但是我們接著留意到圖上的各點並不太符合算式。所以我們會重新審酌我們個別的道德直覺，對照解釋這些直覺的原則。或者我們可以基於這些原則不符合我們的道德判斷而改變原則。羅爾斯稱這種過程是「反思的平衡」（reflective equilibrium）。[70]我們會持續這樣的過程，直到我們能找到道德原則與道德判斷的最佳配對。

法律人應該很熟悉這種方法論。它就是法律學子在一年級的課堂上所進行的過程。透過一系列的假設，加上採用蘇格拉底式的方法，確認可以解釋個案結果的原則。這些原則本身可能讓我們重新評估個別判斷，而個別判斷也可能讓我們重新評估原則的有效性。這就是決疑論（casuistry）的方法。

羅爾斯的第二支論述則建立在盧梭與康德的社會契約論的基礎上。處在「原初立場」（original position）的人們會接受什麼樣的正義原則呢？[71]原初立場對應盧梭正當國家中的主權觀點，或者康德的目的王國的觀點。處在原初立場的個人自由地採用正義理論以支配真實世界中的種種社會安排。他們運用不受偏見影響的理性，對這些原則達成共識。但是羅爾斯並未隔絕處在原初立場的每一個人，讓他們對真實世界**一無所知**。他們知道活在真實世界裡的人有各種想望與欲求。他們會做生涯規畫。他們知道有充足的財貨可以讓每個人獲得他們想要的，而資源稀缺的問題不太嚴重，不致於讓他們為了生存必須相互鬥爭。他們知道人類生物與心理的某些基本事實。但他們不知道自己個別的生涯會是如何。他們不知道自己的性別、生理特性，以及其他可能影響他們特定的想望與欲求的特質。[72]處在原初立場的人在「無知之幕」後面審議。[73]他們對於要為之設定正義原則的世界有充足知識，但是他們不知道其他會讓他們以不適當方式做出偏私決定的資訊。

羅爾斯接著用複雜的長篇論述說明原初立場下個人的決定。他運用經濟理論、賽局理論與其他心理學與社會學的觀點主張原初立場中的個人將會採用兩種正義原則。[74]在原初立場中的個人可能保守而偏好保留未來的彈性。因為不知道他們會有什麼樣具體的生涯規畫，他們偏好讓自己有各種選擇空間。有個方法可以做到，也就是將自由列入正義原則。他們對於不平等的問題會很憂心，因為他們不知道自己會落在哪一邊。他們不會容忍性別不平等，因為他們不知道自己會是什麼性別。在這些限度內，他們會更偏向功利主義。所以他們選擇自由、平等與效益。

更準確地說，原初立場中的個人採用以下兩種正義原則。[75]首先，每個人必須具有平等的權利而能獲得與他人自由相容的最廣泛的基本自由。這是「最大平等自由原則」。那與康德的正義原則很相似。此一原則排在第二個原則之前，羅爾斯的意思在於第一個原則必須先獲得滿足，第二個原則才能適用。[76]

滿足第一個原則之後，第二個原則規定，社會與經濟的不平等只有在同時滿足兩項條件時才是可容許的：一、可合理預期這種不平等對每個人都有利；二、附隨於每個人都有機會爭取的位置。這兩個條件有各種不同的解釋。羅爾斯對第二個條件所偏好的解釋是「公平之機會平等原則」（the principle of fair equality of opportunity），也就是獲得某種位置的資格不只必須沒有法律上的障礙，而且不得有因個人社會環境而生的優勢或劣勢。[77]羅爾斯對第一個條件所偏好的解釋是差別原則，亦即不平等之存在應限於那樣的不平等確實有助促進因為不平等而處於劣勢者之最大福祉。[78]如果依照平均分配的方法，每個人可以分到十元，而不平等分配的方法可以給大多數人五十元，但待遇最差的人也能得到十二元，則應該選擇後一種分配方法。待遇最差的人必須能獲得更好的結果。如果不平等的分配方法給大部分人一百元，但給待遇最差的人九元，則應拒絕這種機制。羅爾斯的論點在於如果不平等的方法讓每個人都獲得更好的結果，則原初立場中的人不會抱怨不平等的方法。他們不會知道自己會得到哪一種分配結果，但他們至少知道不論如何都能得到更好的結果。

同樣的，這兩個正義原則有先後順序。社會安排不能為了獲得第二個原則所要保障的經濟利益而以第一原則保證的基本自由權進行交換。[79]即使能讓每個人在經濟上獲益，限制言論自由仍是不正義的。（亦即個人可以為了經濟利益而以自由進行交換，例如締約；但社會規則不能這麼做。）如果不平等的分配方法所倚賴的指標並非依據公平之機會平等原則而讓「所有人都有機會」，即使不平等的分配讓每個人都能得到更好的結果也是不容許的。[80]這項論述描繪出我們對於種族與性別歧視的厭惡。

羅爾斯並未說明差別原則背後的核心概念是否也適用在第一項正義原則。如果不平等的自由分配方法確實賦予劣勢的群體比平等分配下更多的自由，是否可容許？顯然不能為了經濟利益而以自由進行交換，但是為什麼羅爾斯對於自由偏好嚴格的平等主義，但對經濟安排則不然，原因並不那麼清楚。

在我們將這些原則適用到具體情況之前，應注意羅爾斯、盧梭及康德，與功利主義者在某個重要面向上的差異。盧梭與康德均賦予自由價值。在盧梭的思想中，只有在多數人代表總體意志這一點，才出現平等的概念；每個人都有平等的表決權。對康德來說，平等只在正義原則中出現；我們的自由選擇必須與所有人在普遍適用法律之下享有的自由並存，這一點暗示在正義的法律秩序之下，每個人都有平等的權利主張其自由。為何如此原因不甚明確，但那確實呈現傾向平等的姿態。但盧梭與康德理論中具主導地位的價值在於道德自由。而對功利主義者來說，唯一的內在價值就是人類幸福；平等與自由並無任何獨立的道德訴求。只有在偶然有助於幸福的情況下，平等與價值才具重要性。

對羅爾斯來說，兩種正義原則根本上反映我們對自由、平等與幸福（物質之善）的信念。對反思的平衡來說這是重要的，因為在每日的對話中，我們都會聽到有關自由、平等與幸福的訴求。藉由將這些訴求納入正義原則，羅爾斯從而可以主張這些原則發揮了合理的正面作用，反映二十世紀西方的道德價值。羅爾斯活在一個多元的世界。他確實提出一個公式可以為這些相互競爭的價值進行排序，在他的理論中，我們不需要為了如何解釋這些價值的關係而傷神。他至少承認多元價值。這暗喻著他是一個多神論者，而非一神論者。之後在適當時機我們會再回來討論這一點。

羅爾斯的兩項正義原則適用於社會安排。個人有什麼樣的道德義務？羅爾斯區辨道德「義務」（duty）與「責任」（obligation）。責任是因為個人自願接受的某個職位或安排而承擔的。[81]一個人自願成為法官並接受該職務提供的利益，即應承擔該職務規定的責任。若我們不是自願地接受某個職位或安排，我們不會有任何責任，但我們確實有道德義務。我們有道德義務不可傷害他人，而依據兩項正義原則做出的判斷，我們也有道德義務支持合理而公正的社會機制。82

羅爾斯在論述道德直覺上有所進展。我們大部分人都認為我們若自願地接受某種職位或安排，確實應承擔特別的責任。除此之外，我們還有道德上的義務，但自願地接受某個職位確實增加了更多道德上的權重。我對我的鄰居有道德上的義務，但我對於我自願教導的學生有特別的道德責任。

所以國家是否有道德上的權利可以強制其公民？依據兩項正義原則，確實如此。只要國家制訂合理遵循兩項正義原則的法律，它就符合道德的訓令。甚且，法律本身就是要依據第一項正義原則之要求保護我們的自由權。

在原初立場中的人們選擇正義原則做為他們社會中重要的政治、經濟與社會機制的規範。因此這些原則是正義的法律秩序的基礎，也因此剝奪人民基本權利與自由的法律是不正義的。通過法律要求進行種族或性別歧視也是不正義的，因為那些法律在未開放給所有人的地位上賦予不平等的待遇。若以不平等的方法分配政府利益，而處在劣勢者並未獲得比平等分配時更好的結果，那也是不正義的。所以國家能否對公民進行強制主要取決於法律體制的內容。但只要依據兩項正義原則具合理的正義，國家施行法律體制即屬正當。

關於遵守法律，個人有何道德義務呢？只要依據兩項正義原則進行判斷，法體制合理公正，則個人有道德上的義務必須支持它。而對某些人，像是法官、警察與律師，他們也有具體的職責必須遵守法律制度的規則。

有些人可能採取微觀的方法，宣稱依據兩項正義原則，**某部**法律是不正義的。有些人可能宣稱沒有道德義務遵守違反兩項正義原則的特定法律，而即使個人仍然支持整體法體制，但個別法律違反正義原則的情況仍可能發生。我們在討論功利主義時也討論過的公民不服從可能屬於此種方法。

這又帶我們回到一開始討論道德理論時提出的那個問題：羅爾斯的兩項正義原則能否完成法程序學派期望解決法律規範模糊性的問題？羅爾斯的兩項正義原則看來似乎比盧梭的總體意志或康德的定言令式包含更多的內容。而且羅爾斯的兩項正義原則似乎不像功利主義那樣衍生許多影響理論效力的實證問題。（確實還是有些問題，例如不平等的情況是否真的讓最劣勢者也獲益。但它不像功利主義那樣存在廣泛的問題。）

羅爾斯的無知之幕也在康德的定言令式上做了一項改良。定言令式只要求個人依據他願意成為普遍法則的準則行動。如果能夠制訂充分具體化的準則，幾乎任何行動都得以正當化。無知之幕能約制此種情況。如果我們要求行動者陳述其準則，但行動者不知道他會落在自己創造的準則世界中的哪一個地位，他就會謹慎避免建立過度細微的準則。如果我不知道我是不是個男人或律師，我真的願意讓每個人依據男人或律師能獲得特別優惠待遇的準則行事嗎？

然而，結果顯示，羅爾斯的兩項正義原則在提供確切的答案以填補模糊的法規範漏洞上也無法做得更好。想想第二項正義原則。它首先要求在財貨與勞務上有平等的分配，除非某種不平等的方法符合差異原則。但是什麼才是平等的方法。眾所周知，彼得．韋斯騰（Peter Westen）在〈平等的空洞概念〉（The Empty Idea of Equality）一文中提到[83]，只有平等仍不能提供那個概念想要處理的問題之解答。

設想有一種薪資結構，讓高階主管可以獲得比工人多好幾倍的薪酬。如果這是不平等，那麼唯有這種分配方法真的讓工人獲得比平等分配的制度更好的結果，才是可容許的。或許睿智的管理階層可以創造更多的利潤而讓工人也獲益。但或許不是如此。那麼薪酬平等是什麼意思呢？那是指每個人薪酬都相等嗎？還是每小時工資相等呢？同樣努力，同樣薪酬嗎？還是每單位產出有相同的報酬？或者有相同的權利可以參與自願協商的市場過程？我們必須先對衡量平等的實質標準達成共識，否則沒辦法分辨某個機制是否違反平等原則。但是要達成那樣的共識，我們必須先回答第二項正義原則打算回答的根本道德問題。所以要適用第二項正義原則，我們必須先確定一開始的道德問題。第二項正義原則不只模糊，甚且沒有回答它被設計來回答的根本問題。

為什麼上述假設的薪資結構是受第二項正義原則規範呢？為什麼它不是受第一項原則規範呢？為什麼這不是自由的問題，不是分配財貨的問題？獲得高薪酬的工人只是透過自願的市場契約制度談判得到更高的薪酬。反對者會說，市場被扭曲了，但那是我們期待正義理論回答的社會道德的根本問題。那是我們在適用正義原則本身之前就必須回答的問題。

或許無知之幕有些幫助。如果我們能在原初立場的無知之幕下提出薪資結構的問題，又會得到什麼答案？我們可能主張在原初立場的人們會選擇人均平等。單位產出平等或勞力程度平等可以給創造此種成果的人們獎賞。正因為無知之幕背後的人不知道他們的性別，所以他們也不知道自己是不是很有才能，或者很努力工作。在羅爾斯所偏好的不確定情境下做決定時有個策略，人們會想要保護自己避免最差的結果。這就是所謂的「最弱勢者的最大利益策略」（maximin strategy）：在不確定採取不同方案的結果會如何的情況下做決定時，挑選就算最差結果也比別的方案好的方案。[84]人均平等會符合這種策略，因為人們擔心自己可能無能或懶惰。

但這行不通。一方面，這樣的結果不符合我們在反思的平衡下通常的道德直覺。確實，有些人提倡完全平等的財貨分配，無論做什麼工作；但是大部分人至少會想要獎勵努力與勤奮工作。可是從原初立場來看，努力工作的傾向就跟其他特徵一樣，是我們沒辦法先知道的。

況且有太多其他的情況讓這種方法可能造成羅爾斯不希望的結果。如何看待懲罰犯罪者的法律制度呢？為什麼那不算是第二項正義原則禁止的財貨不平等分配？直覺式的答案在於這種體制並不構成不平等；依據禁止犯罪行為的規則，每個人都獲得相同的對待。但是為什麼犯罪傾向不算是我們在原初立場一無所知的特性之一呢？的確，刑事法律制度藉由確立秩序並保障我們的自由權，確實讓一般人都過得更好，但是那不可能讓犯罪者更好過。所以在原初立場的人們，如果遵守「最弱勢者的最大利益策略」，就會抵抗他們可能變成犯罪人的可能性。

無知之幕是為了在原初立場中**制訂**正義原則。它不是要用在真實世界以**適用**正義原則。無論有沒有無知之幕，我們都必須找出方法區辨以犯罪為基礎的歧視性規則，以及那些以性別為基礎的歧視性規則。顯然基於性別的區別比基於犯罪的區別更加惡劣，但是正義原則本身並不能告訴我們這點。我們甚至必須先運用有關犯罪與性別的既有道德判斷，才能適用兩項正義原則。

羅爾斯的兩項正義原則似乎跟功利主義、盧梭的總體意志與康德的定言令式一樣並不適於執行法程序學派道德理論被賦予的任務。只要我們更深入探討道德信念，就會發現那些理論根本無法解決法律規範的模糊性。

我們不需要過度放大這些問題點。確實，當我們更深入探討道德信念就會發現這些道德理論有根本的不確定性。它們迴避了我們期待它們能夠回答的有關我們社會規範的道德問題。但這不表示法程序學派在理解法律分析的方式上並無重大進展。當我們遇到某個成文法，假設該法禁止車輛進入公園，我們仍然可以檢視該法的直接目的以解決某些曖昧不明之處。我們難以認為會有任何立法目的是要將嬰兒車擋在公園之外。是否禁止腳踏車則要取決於立法目的是為了環保考量，還是安全考量。從立法文字上看起來可能不甚清楚，但也可能看得出來。

這種目的分析可能適用在許多情況。所以法程序學派確實提供了一項工具可以在多種案件中解決看起來不明確之處。換句話說，我們的法律制度並不像法唯實論者所宣稱的那麼模糊不明。就算並非在所有情況，但在許多情況中，還是有一種解釋論，既不是金恩的那種文義論，也不是韓迪那種純粹的工具論。在許多個案中，那是或許所有法官都會採用的中道立場，亦即法官既不只是棋子，也不是全然的政策制訂者。他們發揮判斷力，但仍主張對於立法規範的價值採取被動的立場。

法程序學派無法提出哪一種方法論讓法官可以只參照法律制度的道德目的而迴避立法工作。然而，即使如此，這些道德理論仍有助益。它們無法始終提出確定的答案，但它們確實對於思辨討論有很大效用。羅爾斯的兩項原則無法告訴我們性別與犯罪在道德上是不是不同的區辨指標，**然而，一旦我們做出判斷**，平等的概念確實非常有力。康德的定言令式可能不甚確定，但是若我們自問「如果每個人都那樣做會如何？」仍是很有啟發性的。功利主義仍然指向對總體福祉的關切。

而且，不管是哪一種目的金字塔，似乎都沒有任何單一的「點」可以佇足。

第八章

各種思想學派：批判法學研究與後現代法理論

法唯實論者認為法律規範時常看起來模糊不明。法官藉由加入他們自己的見解或政治偏好以解決這些不明確之處，也因此使得法官被批判是以立法者的姿態行事。法程序學派的回應則是以參照目的，甚至參照共同的道德信念，以解決這些曖昧不明。在禁止車輛進入公園的法規中，「車輛」這個詞的模糊性可以藉由檢視立法目的加以解決：究竟是為了減少污染，還是要為孩童創造安全的環境。但是當我們深入探究道德理論之後，像是功利主義與各種版本的社會契約理論，我們會發現道德理論本身也有無法解決的模糊之處。

這類的批評直到二十世紀晚期繼續存在。到了後現代主義與批判法學研究時期出現了較大的轉折。這些運動挑戰的對象不限於特定道德或政治理論。它們質疑任何文本詮釋或資料詮釋的理論。後現代理論的基本概念在於任何文本的詮釋都仰賴讀者帶入既有的意識型態。對文學文本、文化價值、道德理論、歷史資料以及我們討論中最重要的法學材料，例如成文法與案例來說，這個論點都是實在的。

批判法學研究運動有個確切的政治傾向。它發源於一九六〇年代的政治運動。幾乎每一個批判法學研究運動的成員在政治上都是左派的。這造成右派與中間人士在未深入思考其法理學論點之前，就直接加以排斥。批判該運動的學者時常對之加以譏諷。有時他們聲稱批判法學研究主張法律或其他文本毫無意義，甚或實體世界裡萬事萬物都是社會建構出來的。法學界中許多人對於後現代主義與批判法學研究有過度簡化的看法，從而輕易加以嘲諷與拒斥。這是錯誤的。批判法學研究運動的領導者，像是鄧肯・肯尼迪（Duncan Kennedy）與傑克・巴爾金（Jack Balkin）對法律的理解與法學詮釋極富洞見。人們不需要接受他們的政治主張，也能瞭解其法理學見解的價值。而且其他後現代哲學家與政治理論家，諸如雅克・德希達（Jacques Derrida）與米歇爾・傅柯（Michel Foucault）也有極深刻的觀點，無論其政治內涵如何。

批判法學研究的早期著作內涵大致僅止於我們已探討過的概念。回顧有關在特定問題上如何適用平等概念，完全取決於評估問題者既有的道德或政治信念。對於相信自由市場的人，平等可能表示有平等的機會在自由放任市場中競爭。對相信努力工作之價值的人來說，那可能代表每小時工資相等。對相信齊頭式平等的人來說，那可能表示每個人薪資平等，無論其工作量或產出量多少。平等的概念無法解決這個問題。個人既有的政治信念才能解決此問題。

信仰不同價值系統的人，也會將不同的政治信念帶進詮釋的工作，包括法律材料的詮釋。個人的政治觀點也與其經驗與背景相關。因此，不同群體的人在詮釋相同的材料時會得出不同的結論。女性對於性別平等議題會有不同於男性的看法；有色人種對於種族平等會有不同於白人的看法；同性戀者對於性平等會有不同於異性戀者的看法。批判法學研究的學者從這些不同的視角分析不同領域的法律。不只是不同群體的人會主張不同的實體結果，儘管這一點確屬必然。應該是說，他們會對相同的材料做不同的詮釋，因為每個詮釋者會將不同的意識型態帶進詮釋的工作。因此我們看到批判種族理論、批判性別理論、酷兒理論與其他諸多批判理論等學術派別。

這種法律的詮釋方法與我們在第五章看到的有所不同。它結合了我們之前提到的詮釋的模糊性，以及有關女性主義、種族正義與同性戀權利的特定政治觀點。該學派中許多人的論調特別前衛，而且其強烈的政治傾向造成法學界保守人士的反感。但它在法理學上並不特別前衛。它主張二十世紀晚期的法律規範與資產階級自由主義社會結構非屬「自然」必要的，而適用那套方法的法官並非只是法律爭端的「中立」裁決者。這種論述我們之前就已經看過了。

但是有些批判法學研究的學者也提出新穎而前衛的法理學主張。當然，不僅在一般認知的法理學上如此。它也是關於語言與詮釋整體如何運作的理論，而不只是在法律上的運作。法律只是構成整個詮釋學的許多詮釋領域之一。[1]具領導地位的倡議者是鄧肯・肯尼迪與傑克・巴爾金，前者的論述主要出現在其研討論文〈私法裁判的形式與實質〉（Form and Substance in Private Law Adjudication）[2]，後者的論述主要出現在他發表於《耶魯法學期刊》討論德希達理論的文章。[3]

批判法學研究的觀點

任何關於世界的描述，都是我們語言系統的陳述。它的意義始終取決於該種語言未明確說明的面向。如果我們討論人的自由，我們可能並未清楚說到任何有關奴役或決定論的內容，但它們始終存在於背景中。我們若未對那些概念有所瞭解，即無法瞭解自由的概念。如同德希達所說的，不在的仍然存在。決定論與奴役仍然存在，即使並未明說。所以有關世界的陳述，尤其有關道德世界的陳述，永遠可加以「解構」而顯示出比表面更多（也更少）的意義。

巴爾金舉一個契約理論為例，具體地說是帕特里克・阿蒂亞（Patrick Atiya）的契約理論。[4]他針對一系列眾多的契約案件進行詮釋，而後結論認定主觀的同意構成契約之典範。欠缺主觀同意，而以合理信賴為基礎的契約，則屬通則之「例外」。但我們同樣也能輕易地認為合理的信賴構成通則，而將倚賴主觀合意的案件貶為例外。德希達會將這種做法稱為將某種理論「特權化」，使其地位高於另一種理論。將主觀合意特權化，使其在契約法律的解釋上具有高於信賴理論的地位，這是規範面的選擇，雖然常常是不自覺的選擇。這不只是對材料進行「中立」或「客觀」的解讀。

只要是積極的詮釋都有這種特性。那很像是藍色背景下兩張紅臉對望的圖像，也可能被錯看成紅色背景中的兩個藍色罐子。重點在於這張圖裡沒有客觀上正確的前景或背景。人們只是重視某個色調勝過另一個色調。因此任何詮釋永遠都有主觀性與規範性的要素，永遠不是純粹客觀與事實。

即使是這個面向的批判法學研究或德希達的理論也並非完全新穎。有部分理論內涵（有時隱晦地）引用威廉・詹姆士（William James）、約翰・杜威（John Dewey）與約希亞・魯一士（Josiah Royce）等人所提倡的美國實用論傳統。它甚至植根於拉爾夫・沃爾多・愛默生（Ralph Waldo Emerson）與華特・惠特曼（Walt Whitman）的思想。在二十世紀晚期，它的主要倡議者則是理查・羅逖（Richard Rorty）。就像巴爾金與德希達的理論，實用論者主張一項陳述的真實性並不在於它能對應到這個世界。毋寧說，其真實性繫於與其他陳述結合運作下能否共同呈現一種實用的信念之網。語言以系統化的方式運作，不能將之拆解成個別的陳述而反映出「客觀的」世界。

正是這樣的主張更助長反對者譏諷批判法學研究，指責他們認為可以恣意地以某項陳述表示任何我們想要表達的意思。眼前看到的桌子並不是真的在那裡。但是批判法學研究學派的主張並不是說語言與「真相」無**任何**關聯性。如果沒有關聯，那就不太「實用」了。量子力學的科學語言如果不能以某種有用的方式對應這個世界，它就無法做出有用的預測。那些想把「真正的」椅子挪走的人最後只會碰得一鼻子灰。實用論者與批判法學研究論者認為語言並不只是一組符號串接起來而產生中性、客觀映照的「真實」。

我們可能滿心期望想要有一套具有某些特質的法律制度。我們可能希望法律客觀而明確。我們可能希望它完全獨立於決策者之外。我們可能希望它對我們的各種價值保持中立。我們可能希望它恆久不變。我們可能希望它獨立於其他學科而自主運作。我們可能希望它存在於自然之中，而不只是人類造物。這一派的批判法學研究表明，法律並不具有上述任何一種特質。而且不僅法律如此，文學理論、哲學、政治修辭，甚至一般推定有關世界的事實性陳述也是如此。並不只有批判法學研究的學者這麼說，實用論者也這麼說。

對於將批判法學研究的觀點譏諷為虛無主義者的批評，巴爾金釐清那是完全弄錯方向。我們的語言對話偏好某種詮釋勝過另一種，這並不表示在我們既有的思考方式內，不具任何意義或真實。巴爾金與德希達主張的只是意義與真相在某程度上是一種（集體的）選擇。它們並不是對應於世界而客觀給定的。

批判法學研究是一種「後現代」的方法。為什麼我們這麼說？我們必須回溯西方哲學發展的始點，與柏拉圖以及蘇格拉底之前的哲人。巴爾金確實提出這一點。德希達理論在其他領域的重要性更勝於法律理論。他的目標是質疑柏拉圖式的客觀概念。

西方哲學的基礎

米利都的泰利斯（Thales of Miletus）生存的年代是西元前六世紀。在那之前，大部分的希臘人都透過故事與神話瞭解這個世界。泰利斯希望依據觀察與理性建立解釋。他推崇科學。所以他問：「世界是由什麼構成的？」他的回答是水。這似乎很天真，但事實上已是極睿智的。一般人會看到固體、液體與氣體。而在日常生活中我們看到哪個東西具有這三種階段？水。但是泰利斯的重要性不在於他提出的答案，而是他的方法論。甚且，其重要性在於他想要找出「客觀的」答案，不論是由誰觀察，還是由誰說故事，內涵都一樣的答案。藉著尋求客觀性，泰利斯找尋一種能超越個別觀察者的方式以瞭解這個世界。

泰利斯開啟了一項傳統，而後衍生了蘇格拉底與柏拉圖的思想。關於泰利斯與柏拉圖之間的世代，我們只有片段的認識，所以不容易確認究竟他們是怎麼想的。我們所看到的都是倆人的學生提出的說法。他們自己並無著述。只有面對面的對話才是真正智性的接觸。只是閱讀某人的著作太過消極而且疏離。雖然柏拉圖也寫下自己的想法，但他是用對話的形式寫下。我們沒辦法跟柏拉圖對話，但至少我們正閱讀著在這些智性對話中的人們。而且我們得到的片段內容大部分都是**課堂**的筆記。即使今天的教師也時常在課堂中提供較刺激的材料，以引發學生思考，雖然教師們自己未必相信那些材料的內容。所以很難準確瞭解蘇格拉底之前的思想家。然而，有一點較為明確的則是柏拉圖對他們看法的理解。

古希臘哲學家巴門尼德的基本論調是真相是統整而且合邏輯的。他無法以合乎邏輯的方式解釋改變，所以改變實際上並不存在。也因此我們有了芝諾的悖論。阿基里斯的箭永遠射不到目標，因為它會在半路上，再半路，而後再半路，無休無止的半路。由於它必須經過無數的分段路程，所以它永遠到不了目的。如果我們看到箭射進目標，那一定是幻象。改變永遠不會**真正**發生。

赫拉克里特（Heraclitus）則是另一個極端。他著名的格言指稱你永遠不可能兩次停在同一個水流中。畢竟會有不同的水，不同的水平面，不同的渦流，以及其他差異。對赫拉克里特來說，萬物都在改變與變動之中。

另一群古希臘思想家則教導雅典的富家子弟修辭與說服的辯論技術，讓他們成為成功的法律與政策論辯士，以在雅典的公民議會中獲得一席之地。這些人就是智辯士，例如高爾吉亞（Gorgias）與普羅達哥拉斯（Protagoras），他們都找到了進行柏拉圖式對話的方法。他們的過錯在於為了金錢而執教，而不是為了追尋真理，後者才是哲學家的作為。他們教導論辯的兩方如何具有說服力。對智辯士的責難有點像今日對律師的批評。他們重視的就是語言的說服力。

普羅達哥拉斯曾說「人是萬物的尺度」。[5]就某層意義來說，這是無法否認的。某個接觸面是熱或冷，取決於我們究竟習慣了較冷的接觸面，還是較熱的接觸面。或許普羅達哥拉斯的意思就是如此。但也可能他說人是萬物的尺度，還包括倫理上的事物。這種道德上的相對論對蘇格拉底與柏拉圖來說是非常困擾的，因為他們想要建立恆久、客觀的道德原則。

無論如何，這是蘇格拉底與其弟子柏拉圖當時面對的智識背景。那些讀到或聽到柏拉圖思想的人認為他的思想極端抽象，而且超脫塵世。的確，拉斐爾在梵蒂岡的著名畫作《雅典學院》（*The Academy at Athens*）即描繪柏拉圖指著天空，而較務實的亞里斯多德則指著地上。但是柏拉圖也有實用而屬於現實世界的問題，那是他從巴門尼德與赫拉克里特那裡繼承而來的。（基於經驗的）常識告訴我們事物會變動，但它們也有經歷時間而不變的面向。過去幾年，我的朋友經歷一些改變，但他還是同樣那個人。密西西比河上週也有所變化，但它還是密西西比河。我們如何解釋變化與恆常呢？這個問題畢竟不是那麼脫離塵世。

柏拉圖的解決方法在於他著名的形式理論。形式存在於理想境界。在「我們的」世界的客體，例如馬、溪流與三角形的東西，都是這些形式不完美而不斷變動的「影子」，就像在洞穴寓言裡，牆上的客體只是那些被關起來的人背後更深層隱伏的真相。我們世界裡的客體確實會變動，但投射影子的形式則不變。因此，赫拉克里特的河流是在我們的世界裡變動，但它的形式則恆常不變。對於變動與恆常的問題，這是不是一種有吸引力的解答，即使柏拉圖在《巴門尼德篇》中也深感懷疑，但它至少試圖理解真實世界的這個問題。

柏拉圖認為這個世界與形式的領域都是真實的。在我們世界中的客體是透過觀察而被發現的。形式則是透過理性與蘇格拉底式的對話而被發現的。在《理想國》裡，柏拉圖向我們說明如何透過蘇格拉底式的對話更趨近正義的形式，也就是透過附具理由的言說或**邏各斯**。我們有個辦法可以接近那種超越每一個個別主體的客觀世界。智辯士則採用另一種不同的方法。對他們來說，語言具有決定性。他們不感興趣於超越每一個個別主體的客觀真實。

這種區辨即是兩個半千禧年以來西方哲學的基礎。柏拉圖提倡**存在**的哲學。確實有事物獨立存在於我們的心智之外，而我們（可能有各種弱點）的心智能夠加以理解。這就是為什麼懷海德說，西方哲學的一切就只是對柏拉圖所做的註腳。巴爾金表示德希達想要推翻的正是這樣的基礎。

西方哲學的這項基礎結構在最近這個千禧年以來有諸多轉折。其中一個重要轉折就是回歸知識論，也就是我們如何瞭解事物的理論。十七世紀，笛卡兒試圖讓我們對外在世界的知識奠基在堅實的立足點上：我思，故我在。但在十八世紀晚期又因為康德的「哥白尼革命」而有關鍵轉折。對柏拉圖來說，主體與客體之間有嚴謹的區分。客體不變地存在，無論主體有何活動或感受。然而，對康德來說，主體是我們理解世界的中心。真正或未知的世界，亦即本體世界，無法直接加以理解。我們藉由對空間、時間與因果關係的概念形構並瞭解現象世界。我們將這些概念帶進我們對世界的理解。我們將本體世界形塑成符合因果與物理法則的現象。

我們現在可以明白這個康德思想的支點如何造成我們在第七章所提到的法律的模糊性。當我們試圖適用像平等這樣的概念時，不只有平等的概念在運作。還有我們原本關於市場、勤奮工作與齊頭式平等的概念。某個人以為的平等與其他人認為的平等不同。這欠缺柏拉圖苦心追求的客觀性。但對康德來說，這不成問題，因為他認為我們帶進來的概念在每個理性者都相同。但是康德仍然藉由讓主體成為我們理解世界的中心，而開啟了一種新的可能性。

以主體為中心的方法幾乎已擴及我們藉以確認意義的詮釋學的每個領域。在維根斯坦後期提出的語言哲學理論中，他說意義並不取決於文字的邏輯定義，而取決於其通常使用的脈絡與目的。他所提出廣為周知的例子就是要求保姆教小孩遊戲，只有根據脈絡（包括社會慣例）我們才能瞭解「遊戲」這個詞不包含性遊戲或戰爭遊戲。這不表示各種解釋都差不多。事實上，我們都清楚瞭解這裡的遊戲並不包括性遊戲與戰爭遊戲。維根斯坦的重點在於讓意義明確的並不是邏輯的定義，而是我們的社會慣例。

在文學詮釋中也是如此。以威廉・布萊克的詩〈倫敦〉（London）為例：

我徘徊在每一條獲得特許的街道
就在那條獲得特許的泰晤士河旁
而我見過的每一個臉龐的印記
軟弱的印記，悲傷的印記
在每個男人的呼號
在每個嬰孩驚懼的泣聲
每一個聲響，每一條禁令

我聽到心鎖的鋃鐺聲
清理煙囪的小童的涕零
每個墮落的教會讓人驚駭
以及不幸的兵丁之嘆息
聲聲傳入鮮血四溢的宮牆
但在子夜街上我最常聽聞的
妙齡娼妓的咒罵
打斷了新生嬰孩的啕哭
在婚姻的靈車上槁木死灰[6]

布萊克譴責人類創設的三種機制。政府造成戰爭；教會容忍，甚至引發貧窮；婚姻則讓圈外人被邊緣化。布萊克的譴責只限於這三種社會機制嗎？或者這些只是對社會更多批判中的三個例子？這首詩本身並無任何內容可做狹隘或廣泛的解讀。耶穌治療痲瘋病人——這只是恰好提到漢生病人的苦難嗎？或者那是更大的訊息，要求幫助那些不幸者與受壓迫者？

有時候文本本身提供我們如何解讀的線索，例如〈申命記〉呈現有關以色列歷史的某種哲學：我們與上帝的約是有條件的，所以犯罪的人將受到懲罰。或者耶穌在講述比喻時，應以寓言的方式解讀，而不是做文義上的解釋。但是文本時常對於該如何解讀未留線索。因此在形構文學文本的意義時，讀者變成要素之一。

我們應該探尋何處以解決詩作意義的模糊之處？我們應該只看文本嗎？我們應該觀察歷史背景嗎？我們應該閱讀布萊克的筆記，或者他人生中與某個朋友曾經有過的對話？或者我們應該探查文化傳統？事實上，顯然〈倫敦〉有更廣泛的意思。那是因為我們的文化預期詩作使用隱喻來提出更廣的議題。我們的文化有詮釋的傳統。我們生活在社會中已經學過如何讀詩。人們不會寫詩來闡述狹隘的論點。他們用隱喻的方式提出更廣的論點。所以可確定的是，部分的詮釋是在旁觀者的心中進行，但是我們有共通的解釋傳統而可達成共識。那就是法理學的內容。我們的法律文化有解釋的傳統嗎？

在文學批評中我們可以看到不同的思想學派，對應不同的法理學思想學派，包括形式論、結構論、歷史論與新批判主義（New Criticism）（社會脈絡〔Social Context〕）。在科學上，湯瑪斯・孔恩（Thomas S. Kuhn）告訴我們，科學理論是在典範中形成的，而它們所呈現出的知識不同面向以某種一致的方式整合在一起。[7] 我們之所以瞭解電子或夸克或弦，並不是對它們本身的認識，而是因為它們以某種一致或美妙的理論整合在一起。我們看到維爾納・海森堡（Werner Heisenberg）著名的不確定原則（無法同時準確衡量粒子的動量與位置），以及庫爾特・哥德爾（Kurt Godel）提出數學上的不完備定理（任何具一致性的運算公理系統都不可能完備）。在歷史上，過去是什麼意思？韓戰期間有人說，若由凱撒大帝來指揮軍隊，他會用核子彈轟炸中國，也就是他會採取更主動的戰略。有人則回應，事實上他可能會用投石機。我們從具體事實可以推論出多麼廣泛的結論？在各個領域，意義看起來都不是絕對確定的。

我們是法治而非人治

大約二十年前，我們在德州大學召開長達一週的研討會「法律與其他表演藝術」。該校法學院的珊迪・萊文森（Sandy Levinson）教授與美術學院院長鮑伯・弗里曼（Bob Freeman）發想出這場研討會。他們的概念是許多領域都有詮釋的問題。法官詮釋成文法與案例。指揮家詮釋作曲家編寫的音樂創作。導演詮釋表演作品，而演員又詮釋導演的想法。他們採用的都是相似的技巧。他們觀看文字（或筆記）。他們觀察文本的整體結構。他們觀察社會與歷史脈絡。他們甚至可能閱讀作者留下來的筆記或其他線索。他們不只詮釋，而是演繹。他們**裁判案件**，或**演奏交響樂**，或**表演一齣戲**。他們時常以特殊的方式「翻譯」早期的材料，以使它在不同的情境下可以合理化。

詮釋者或表演者將自己的價值帶入個人事業中。詮釋者或表演者並非完全被動地接受文本意義「真正的」客觀真實。它們會在這個過程中加入一些東西。我們永遠無法純粹中性地詮釋貝多芬交響曲，掌握其「最初的」意涵。它原本是前衛的，但今天變成懷舊的。有個戲劇化的例子是《卡拉馬助夫兄弟們》（*The Brothers Karamazov*）中的〈大審判官〉（The Grand Inquisitor）。[8]當基督回來時，教士挑戰他，並告訴基督他的意見已經不再重要。基督曾有他的時代，但現在是教會有詮釋權。杜斯妥也夫斯基可能批判這一點，但他也突顯了詮釋者賦予文本意義的角色。

許多人曾經嘗試擁護純粹的客觀意義。像克勞德・李維史陀（Claude Levi Strauss）這樣的人類學者即主張，雖然許多文化都有相對論，但在最深層的結構上則有近似之處。[9]或許這些結構上的相似性至少呈現出有關深層文化結構的客觀真實。但是辨識這些文化相似性本身就是一種主動的詮釋，而可能有之前討論過的各種主觀問題。因此我們有時候會說自己是「後結構論者」（poststructuralist），處於「後現代」的時期。「現代的」構造是建立在柏拉圖與笛卡兒的思想上，試圖將我們對客觀世界的知識立基於穩固的知識論上。而那樣的時代已經過去了。

就像所有我們已經研究過的理論，這一點本身也有問題。它聲稱真相與意義不是絕對的客觀意涵，而是某個語言系統（包括文字）與文化對話的「實用」部分。但是難道柏拉圖不是我們語言與文化的一部分嗎？或許相信語言映照「真實」的哲學信念本身，就是觀察這個世界的實用方法。或許對於人類的境況，它提供一種更讓人滿意或具實用性的觀點。或許它能鼓勵更好的行為。如果一個實用論者表示柏拉圖式的觀點是錯誤的，她可能犯了她所批判的相同錯誤。但是這裡的重點並不是解決所有這些論辯，而是瞭解這些理論相對的立場。

法律人在日常工作中也能看到後現代主義。想想契約解釋或在法庭中確認證言是否屬實之類的難題。關於我們應當如何進行這些程序，有非常多樣且極為實務的準則。我們也有關於傳聞證據的複雜規則。我們還有其他關於證據的實務規則，例如「最佳證據」規則，目的是考量法院程序管理的需求，以及有關陪審員行為的心理因素。在契約解釋上，我們有防止詐欺規則，以及「明顯意思規則」，包括如何利用旁證來解決模糊之處的複雜規則。

採用這些規則並不是基於相信它們本身代表真相。它們的正當性在於能幫助人們信賴契約，並建立有效的紛爭解決方式等實際利益。我們希望得到**接近**真相的東西，但這些解釋規則也反映信賴與效益的價值。換句話說，詮釋有一部分就是做決定的務實方法，這樣我們才能繼續前進。這與柏拉圖的宏大計畫相去甚遠。相對的，它反映了智辯士的務實思想與解決難題的立場。

那麼有關我們是法治而非人治，又是什麼概念呢？那很難解釋。但是相對主義與這些後現代與後結構主義理論的不確定性，被以過度嘲諷的方式給誇大了，就像海森堡的不確定原則與哥德爾的不完備定理也被嚴重地錯誤詮釋。海森堡並未說我們對世界一無所知；他只說關於這個世界有兩件**具體**的事情（一個次原子粒子的位置與動量），其交互作用的方式影響我們對它們的認知。即使依照哥德爾的理論，我們還是可以絕對確定地證明數學的定理。二加二仍然得四。而法律也與此類似，我們都能同意許多法律原則就法律意義來說是真實的。總統必須至少年滿三十五歲。就禁止車輛進入公園的目的來看，嬰兒車不是車輛。以及其他諸如此類。因為詮釋的傳統，它們可能是真的，而它們在（法律上）仍然為真。

詮釋是一種積極的表現，但那不是完全主觀而不顧外界的。我們有許多共同的詮釋價值，因為我們生活在相同的文化中。法學院的功能之一就是訓練法律人熟習共同的詮釋模式。法治原則能否「有效」取決於法學教育的良窳。盧梭在《愛彌兒》就看到這一點——如果我們想要建立某種類型的社會，我們最好關注如何教育下一代。

第九章

多元的方法論

我們已經看到任何類型的詮釋都有不確定性與主觀性，法律詮釋亦然。但有時候我們心照不宣地推定至少有某種詮釋「模式」是正確的，即使那種模式也有不明確之處。我們對於什麼才是正確模式可能有不同意見，但我們似乎都推定那個問題會有正確的答案。在「洞穴奇案」中每一位大法官都認為別人是錯的，不僅因為結果錯了，也因為他們用以獲得結論的方法錯了。大法官塔丁沒辦法做決定，因為他無法判斷哪一種方法才是適當的。不同的詮釋模式可能得出不同的結果。那又是另一個模糊性的根源。

我們嚮往對世界有統整而連貫的理解。在物理學上，我們期望有個連貫的理論可以整合重力與量子力學，以及另外三種力：電磁力、強交互作用與弱交互作用。過去只因為整合了其中兩個力量就獲得諾貝爾獎。牛頓並不是發現重力，他發現讓蘋果掉下來的那種力量也讓月球可以維持在軌道上運行。詹姆士·馬克士威（James Maxwell）整合了電與磁性，而後瞭解光就是一種電磁波。埃米·諾特（Emmy Noether）發現物理學中的對稱性，與法律的對話是一樣的。我們可以繼續找到更多例子。智性的進展大致上就是為了追求更普遍的解釋。那就是柏拉圖的宏大計畫。形式理論解釋了恆常與改變！阿奎那試圖整合理性與信仰！

我們看到規範的論述也有這樣的呼籲，或可稱之為「頂石策略」（capstone gambit）。我們做出各種道德判斷，但我們希望那些判斷能整合在某種道德理論之下，例如功利主義。即使「頂石」標準必然模糊而且有其他種種問題，我們還是這麼做。至少我們晚上睡覺時可以放心有一種標準存在，雖然那種標準未必能給我們確切的答案。在想像的中土世界（Middle Earth）也許有很多個魔戒，但是有個魔戒可以控制其他魔戒。[1]

在一神論裡我們能夠看到這種觀念最清晰的呈現。在早期的以色列神學中，雅威（Yahweh）可能只是眾神之一。祂在天上有侍從，可能還有配偶。但是在以賽亞（Isaiah）之後，以色列的神學變成一神論。在基督教時代，人們覺得有必要將三位一體理解為與一神論相容。我們希望只有一個神，一種標準。那給了我們對世界一致的理解。

當我們試著瞭解日常生活，我們使用不同的敘事方法。想想卡崔娜颶風。發生了什麼狀況？瞭解它的方法之一就是地球偏離了它的軸心，造成夏天日照更強，使得海洋溫度上升，還有其他各種效應。那是科學。或者我們可以問問為什麼堤壩要建在那些地方？那是人類的組織決定。或者問為什麼上帝讓這種事情發生？那是神學。但如果科學統治著世界，那麼上帝或自由意志怎麼辦呢？如果上帝是全知全能的，自由意志與科學又怎麼辦呢？

理解世界的不同方式

許多哲學與文學理論試圖處理這樣的緊張關係。奧古斯丁說上帝給我們自由意志。在《伊底帕斯》裡，索福克里斯告訴我們在這個受命運控制的世界裡，伊底帕斯還是有選擇的。我們可以繼續舉更多例子。我們想要調和這些看似衝突的敘述，即使我們在日常生活中「深信」科學、自由意志，以及（對某些人來說）上帝。我們在智性上無法調和這三者，但我們與使徒保羅一樣，認為我們現在看不清楚，但總有一天會明白。我們渴望有統整而一貫的解釋。

但是當我們認為找到這樣的解釋方法時，它會逐漸磨損。柏拉圖在《巴門尼德篇》以及較晚期的對話中放棄了形式論。阿奎那並未完成《神學大全》（*Summa Theologica*）。批判法學研究揭露法程序學派的問題。倫敦鐵橋垮下來又重新蓋起來，但它會再次垮掉。

休伯特．德雷福斯（Hubert Dreyfus）與西恩．凱利（Sean Kelly）在《閃耀珍寶：閱讀西方經典找尋世俗時代的意義》（*All Things Shining: Reading the Western Classics to Find Meaning in a Secular Age*）中處理這個議題。[2]在柏拉圖之前，以及猶太教／基督教／伊斯蘭教一神論之前，希臘人經歷的是荷馬的世界。它肯定是多神論的世界。它珍視許多事物，不只是「美」，還有許多不同的美好事物。這個世界結束在柏拉圖與一神論。德雷福斯與凱利認為，《白鯨記》（*Moby Dick*）裡的亞哈船長為了尋找獨一真神而毀了自己。以實瑪利（Ishmael）珍視他身邊許多美好的事物（許多閃亮之物）而未嘗試要將它們理解為統整的系統。如同傑拉爾德．曼利．霍普金斯（Gerard Manley Hopkins）所說的：「榮耀歸於色彩斑爛之物。」[3]或者對法國人來說：自由、博愛、平等！羅爾斯用自由、平等與福祉給了我們一部分那樣的世界，但他仍然認為自己需要一種算式來評斷這些價值。

但有一點值得注意：布萊恩．萊特（Brian Leiter）曾經提醒我們，科學的論點（所有智性思考皆如此）是要試著找出關聯性，找出能解釋原本屬於不同現象的普遍原則。馬克士威整合電與磁就是一大進展。系統建立者是很重要的。但我們不應過於輕率。我們應該建立有資料支持的普遍理論。「頂石」策略促使我們在沒有普遍性之處尋找普遍性。

那麼像法律人一樣思考究竟是什麼意思？它是文義論與形式論，原旨論與工具論，還有論理式闡明，以及更多方法論。那是金恩、韓迪與福斯特大法官的論述。我怎麼知道？我在我們的法律制度中看過真正的法官就採用這些方法。經常上教會的基督徒若被問到是否相信洗禮的意義，他們會回答：「當然，我見過洗禮。」

塔丁希望知道哪個方法才是正確的。他會用什麼標準來判斷？他會選擇讓效益極大化的方法嗎？或者提倡自由？或者推廣羅爾斯的正義原則？或者在法律或語言的概念中有某種方法？他會如何判斷那些「元」（meta）指標呢？

或許我們應該就當個社會學家。我可以「觀察」美國的法律制度，妥適地描述像法律人一樣思考是什麼意思，就像我可以看一場棒球比賽並描述遵守規則是什麼意思。如果我那麼做，我就可以明瞭若主張我姊姊應該獲勝因為她是我的姊姊，這就不是「法律的」論述。訴諸法律文字本身或目的，或者對社會將造成什麼後果，才是法律的論述。我們可能仍有歧見。富勒告訴我們可以純然中性地「閱讀」任何資料，所以我們在描述法律實務時仍會有不同意見。但是我們也可以達成很多意見一致。

菲利浦・波比茨（Philip Bobbitt）在《憲政命運：憲法理論》（*Constitutional Fate: Theory of the Constitution*）中審視多種法律論理模式。[4]他著重憲法解釋，但他的結論有更廣泛的應用。大部分法理學學者聚焦在他們**喜歡**稱之為法學方法論的理論。波比茨調查我們法律文化中的實際案例，並將法官詮釋法律材料的不同方法分門別類。他不強加自己的價值，只是嘗試描述資料。我們沒辦法完全做到這樣，但我們可以嘗試。那很像海明威試著描繪煎培根的現象，卻不嘗試將之置入文化脈絡。

依照波比茨的方法，教導法律新生的教授們應該讓學生明瞭法律制度可以接受的多種方法。我們可能跳出自己的實務經驗而加以評量，就像我們對實體的法律規則所做的那樣。但最終的裁判者會不帶感情地確定法律制度實際採用的方法，就像我們對實體的法規所做的那樣。我們或者喜歡，或者不喜歡，而我們當然可以從某些規範面來評量它們，但它們是不是像法律人一樣思考的一部分，則取決於真正的法律實務中普遍的使用方式。

波比茨找出六種模式：文義、結構、歷史、法理、務實與倫理。[5]**文義**方法指法官檢視文字的日常意義，這很像金恩大法官的主張。**結構**模式則觀察政府相關單位的結構，或者如果涉及不只一個單位，不同結構之間的關係。在此可回顧大法官布蘭迪斯在伊利案的論述，其論理基礎在一州公民對另一州公民起訴的案件中，聯邦法院與州法律的關係。[6]**歷史**模式則運用立法沿革判斷成文法或憲法條文的意義，而**法理**模式則訴諸判例中確立的原則或權威論文闡述的原則。**務實**的論據則是以特定裁判的後果為基礎。建立某個規則會不會讓法院在審理案件上更困難，或者讓警察更難執行任務？**倫理**論證並不是引用法官自己的倫理觀點，而是引用我們文化中的「風氣」（ethos）。那很像小哈特與薩克斯藉由論理式闡明，或者德沃金參照我們的文化價值。這裡的重點不在於重述波比茨所有的論點。只是聚焦在他運用法律實務以確認「像法律人一樣思考的意義」的方法論。

波比茨的方法是述而不論。儘管如此，基於富勒批評實證論者的相同理由，波比茨不可能完全述而不論。我們可以看到有些法官採用了其他的方法。德州出身的大法官奧斯卡·莫茲（Oscar Mauzy）曾做出一項著名的判決，他表示選票改變了德州最高法院。他的方法就是直接訴諸政治。波比茨並未將此列為一種方法，而他這麼做是對的。但是排除其他邊緣案件，不描述法官在這些案件中採用的方法，也涉及一些規範判斷。儘管如此，波比茨至少大致上述而不論，而他也盡全力避免規範的判斷。

那就是我們的世界

這種方法為法學教育設定了很有吸引力的發展主題。一年級法律新生試著學習在我們這樣的法律制度中如何成為一個法律人。為什麼不教導他們主流的方法？這並不表示我們不能用規範性的觀點對那種方法表示意見，就像我們對稅法當然也可以有意見。但是學生應該瞭解這些方法的內容，就像他們應該知道特定法律領域的內容。

這種方法在哲學上也有吸引力。哲學應該釐清與理解理智的實際運作。舉例來說，科學哲學應該盡全力描述科學論理的內涵。電子是否真的存在？或者它們只是為了幫助我們做預測的實用虛構。而答案應該要讓我們對於科學運作的方式有最佳的瞭解。確實，愛因斯坦與波耳就因為量子力學的哥本哈根詮釋（**Copenhagen interpretation**）而產生這樣的哲學論辯。

法哲學不也是如此嗎？「文義論」是適當的法學方法嗎？當然是。我知道它怎麼論述。我們也可能認同實證論的法律論理方法，就像我們對侵權法的內容可能採用實證論的觀點。即使我不喜歡侵權法的某個面向，但它還是法律。即使我不喜歡某種法理學的決策方法，它還是我們法律制度中的一個方法。那不就是奧斯丁想要說的嗎？

沒有任何公式可以讓法官判斷哪一種方法才是正確的，或者具體個案中哪一種方法才是對的。有時候這表示個案的結果是不確定的。那就是塔丁的問題。波比茨的方法多元論就是給予法官某種程度的自由。

有時候法律本身也為方法的問題提供答案。在契約案件中，依據明義規則，只有為了解決契約文字本身的模糊之處，法官才能超越契約明文而探求其他。法官不能用契約之外的材料創造模糊性。統一商法典第二條規定，法官應該審酌商業習慣與交易往例。但是在大多數的案件中，**法律**並未對採用何種方法的問題提出答案。所以法官可以自由選擇方法。不同的方法時常造成不同的結果，所以法官似乎有相當的自由可以得到他想要的結果。那麼法治還能存在嗎？

法律新鮮人會落入兩種模式。有些人對於某種法律方法得出不正義或不公平的結果感到挫折，所以他們樂於享有自由可以支持自己想支持的結果。但更常見的反應則是希望法律能產生確切的答案。這主要是因為對於法理學考試的焦慮，但無論如何，學生們想要知道「唯一的」答案。教授被學生埋怨針對實體法律問題「藏一手」，他們似乎就是對方法論沒有說清楚。或者更糟糕的是：每個教授有他們自己偏好的方法，所以不同課程有不同的基礎原則。

波比茨的方法至少是誠實的。我們可能希望有更確切的方法，但如果我們的任務是要教導學生有關世界的真相，而不是我們希望世界變成什麼樣，那麼方法多元主義似乎是法律世界的「事實」。所以對這種挫折不滿，有個回答是：「抱歉，但那就是我們的世界。」

但是不確定性的「問題」並不如看起來那麼糟。並不是每一個案件都有這種不確定性。在大部分案件裡，我們都能同意採用的方法與實際的答案。一百個人中有九十九個會認為公園禁止車輛進入不包括嬰兒車，而他們會這麼認為是因為他們瞭解法規的目的。我們大部分時候都明瞭法律的意思。就因為那樣，我們才能規畫人生，讓自己更有生產力，並確保我們的自由權與財產權。世界不需要達到完全可預測的程度，只要有適當的可預測性就夠了。我們可以接受全部這些方法，但對於大多數案件的結果仍然可以有相當的預測準確性。

我們或許真的可以做個實驗。假設我們隨機挑選一千個法律問題。我們不能只挑最高法院的案件，甚或只挑某個法院的案件，那會變成有偏差的樣本。大部分的法律問題都不會上法院處理。我可能自問能不能到鄰居家的冰箱拿食物。答案很簡單，我知道我不能那麼做，因為我的鄰居「擁有」那些食物。我們隨機選出一千個法律問題，還安排了兩組人來預測法院會怎麼判。他們試著給出「正確的」法律答案。其中一組人有法律分析訓練，他們可能上過法學院；另一組人則只是被要求依照法官的政治傾向來判斷法官會怎麼做。受過法律訓練的那一組人相互合意的情況比較多。法律以及對法律論理的共同理解，有效地給予這個世界秩序。

法律人在許多案件，甚至大部分案件都可以達成共識，因為他們有共同的詮釋文化，而不是因為本來就有正確的答案。如同我們看到的，平等本身並不表示機會平等，但我們「知道」平等曾經就是那個意思。如同巴爾金可能說的，我們因為共有的傳統而「偏好」某種平等觀點。在過去，平等並不包括性傾向的平等，而現在它包括了。沒有理所當然的原因可以說我們應該對布萊克的〈倫敦〉作較廣義的解讀，而非較狹隘的解讀，但是我們有共同的詮釋傳統解讀詩裡的隱喻。

不同的法律論證模式可以給我們一些提醒。就詩來說，批評者如果直接跳到社會脈絡，可能會忽略了文義解釋者會發現的語言細節；反之亦然。或者我們可能因為不重視結構而忽略意義的線索。如果法官至少會對每一種模式都加以考慮，他們可能會看到本來會忽略的詮釋線索。考量不同的線索可以讓他們至少有機會限縮哈特所說的半影之處。

還有一些案件，我們面對的是存在的選擇。波比茨稱之為「良知」。唯實論者說那是「心理學」或「政治」。但法官走到那一點的路上可能已經窮盡各種分析模式，而可能因此整合出某種更確定的答案。如果法官比較懶惰，或者不依誠信行事，他們可以直接跳到政治解決，但他們不必這麼做。

學習像法律人一樣思考

小哈特與薩克斯在《法程序》裡提出一種非常好的論述以突顯司法怠惰或懷有惡意。回想一下貨物燒毀案。[7]鐵路公司的義務在把貨物運送到月台就結束了，像船舶運輸那樣嗎？或者它必須將貨物交到貨主手上，像車輛運送那樣？法院可以簡單地區辨鐵路跟船舶與貨車的不同，然後照著法官想要的結果做出裁判。但法院並未偷懶或心懷惡意。它試著運用論理式闡明找出「最好的」答案。在本案的脈絡下，鐵路比較像是船舶，而不是貨車。

在《法程序》裡，小哈特與薩克斯選錄的下一個案子是「布倫森訴尼倫斯坦案」（*Berenson v. Nirenstein*）。[8]本案的奎爾法官（C. J. Qua）必須判斷某個不是用書面做出的承諾是否可強制履行。就像貨物燒毀案那樣，有兩種不同見解的前案。其中一系列認定不能強制履行那樣的承諾，其立論基礎是防止詐欺條例；另一系列的前案則基於擬制的信賴而強制履行。奎爾法官在事實基礎上區辨本案與第一系列的前案，認定兩者不同，而判定可強制履行本案的承諾。但是第二系列的前案其實也與本案有所不同。奎爾法官太早停下。他是懶惰或不誠實。顯然法官有「裁量權」之處就有理論建構的空間。但是勤奮與誠信實際上就可以減少這種裁量權。

如果在我們有共通價值與假定的領域或時代採用這些論理模式，我們可以獲得更多共識。對小哈特與薩克斯來說，在二十世紀中期我們比較容易達成共識。越戰改變了一切。甚至今日我們只活在自己的同溫層，使得情況變得更糟。這種情況本身就是有害的問題。它讓我們共有的詮釋傳統分裂的後果更加嚴重。而那也更滋生惡意。但不讓人意外的，在分裂的社會裡，法律是無法運作的。法律可以解決我們某些問題，但不能解決全部問題。

無論如何，為什麼我們希望法律能像確定的公式呢？我時常問學生：「如果法律就是個確定的公式，那不會讓人感到羞愧嗎？」他們的世代不用為法律增添什麼（除了立法文獻會增加）。某種程度的不確定性讓每個世代都有彈性可以打造自己的未來。所以無疑的法律也有些不確定性。但那又如何？或許我們法律中的不確定性一方面促進秩序與可預測性，另一方面維持彈性與創造力。無論如何，就接受吧。此處的重點在於，我們必須瞭解我們的制度。

這帶我們回頭談談法學教育。法學院理應是法律人學習共通的詮釋傳統的地方，也是他們學習像法律人一樣思考的地方。但我們不太像以前那樣投入時間學習這些。我們關切的是課程範圍並採用複選題的考試。我們更關切結果，以及它是否符合我們自己關於正義的理念，而較不關心程序。更少學生修「程序」或「觀念」的課程，例如聯邦法院、法律衝突、法學史與法哲學。小哈特與薩克斯是舊式的學者，甚至也是保守反動的。若認為我們可以信賴透過法律程序或法律論理達到（最小程度）可接受的結果，那也是天真的。在幾年前的一場座談會上，簡報者確實強調程序與方法論，但絕大多數與會者的反應卻是認為簡報者建議的程序肯定不對，因為它得出錯誤的結果。我們實在沒有盡力讓學生將法律的程序當作一種社會機制而加以學習，也沒有讓他們努力學習法律論理。我們比較關切正義。

當我們真的聚焦在方法時，我們時常抱持憤世嫉俗的態度。通常指出個案中採用形式論的缺失比分析它在制度上的效益更有趣。捍衛俊美的水手比支持克萊加容易。拉下簾幕讓人看到以為的巫師其實只是個老人是比較有趣的。難道我們不應該多花一點時間讓學生專注在法律制度的運作方式嗎？

我們社會的離心力很強大。難道法律以及法學院不應該透過學習共同的論理模式，而不只是學習正義是什麼，來提升一些凝聚力嗎？在〈復臨〉（The Second Coming）這首詩裡，葉慈（William Butler Yeats）告訴我們：

在勢欲吞世的漩渦裡不停打轉
鷹隼聽不見放鷹人
萬方離散，中道失守
世綱無存
污潮四溢

淳禮陷溺
君子無依
小人貴張
啟示確然
復臨在即
復臨！聽哪！
斯為靈顯
吾眼疑見：荒漠某處
人面獅身
雙眼凝望，若烈日之無情
緩移微步
群鳥驚散
暗夜再降，但我已知
兩千年如石沉眠
因著擾動的搖籃，陷於夢魘

> 至猛之獸其時終來
> 頹靡地走向伯利恆以降生？[9]

這是一則警世的寓言。

當中也有一個讓人意外的訊息。我們不需要在程序與正義之間被迫二選一。小哈特與薩克斯希望我們探求法律的目的以協助確定其意義。這是像法律人一樣思考的面向之一，傾向灌輸公民價值與對社會正義的敏銳度。那也能幫助我們避免盲從與冷酷無情。在商學院裡制度性地檢討會計準則的目的，也可能有助於避免類似安隆的醜聞案再度發生。

讓我們回到法學院一年級，說明在許多侵權課程一開始所探討的一個問題，法律論理的多元方法實際上可以如何運作。在「加斯梅訴雪菲案」（*Ghassemieh v. Schafer*），一位國中美術老師凱倫·加斯梅要坐下來的時候，學生伊蓮·雪菲將椅子從她後面抽走。[10]老師跌在地上造成背部受傷。她對雪菲提出過失傷害的訴訟。問題在於雪菲在庭上證稱她是為了「開玩笑」而故意將椅子拉走。換句話說，她是故意讓加斯梅跌在地上，而因為她的行為造成加斯梅背部受傷，她負有非法侵犯（battery）之責。但如果她有過失傷害責任，是否同時可承擔非法侵犯的責任；或者反之亦然？如果不行，那是否表示由於加斯梅是提出過失傷害告訴，如果陪審團認定她其實受到非法侵犯，原告就要敗訴呢？

那就是本案實際發生的狀況，而加斯梅提出上訴。上訴法院審理的問題是，若如雪菲所證述的，其行為並非以傷害加斯梅為目的，那是不是非法侵犯。法院認定問題不在雪菲是否以傷害加斯梅為目的，而是在於她是否在未經加斯梅同意下做那樣的行為。非法侵犯是指故意碰觸別人，無論直接或間接，而有傷害性或冒犯性。法院依循某個前案判決（在前案中一個孩子做了同樣的惡作劇），主張「在非法侵犯中，傷害的意圖並非重點」。[11]結果像雪菲這樣的行為可能構成非法侵犯，而同時若其造成的傷害雖然並非有意卻是可預見的，則有過失。加斯梅的上訴理由指稱原審法官指示陪審團雪菲的行為並非非法侵犯，而有可撤銷原審判決的違誤。上訴被駁回。

上訴法院做成此一結論的原因在於將普通法的非法侵犯做文義解釋，而以前案的判決以及具權威性的論文支持這樣的解釋。由於認定傷害的意圖非屬非法侵犯之要點，法院接受了過去類似案件共通的見解，也就是非法侵犯違反的義務是不碰觸他人的義務。那麼在這樣的觀點下，如果被碰觸的人受傷，就有請求權基礎可以起訴，而因為同意碰觸可以消除義務，所以非法侵犯的完整定義必須包含未經同意的要素。

然而，如果採用論理式闡明，探問將未經同意納入定義要素的目的是什麼，則前述定義或許可能做不同的解釋。那是為了保護個人不受碰觸的利益嗎？或者是要保護不會因為被碰觸而受傷害的利益？如果在我們的文化中，人們隨意以無害的方式碰觸他人、拍拍肩膀讓人注意、自發的擁抱或握住別人的手以表達親切、拍背表示祝賀，那麼認為法律目的是要保護人們不被碰觸的利益是沒什麼道理的。畢竟，如果在一輛擁擠的巴士或一列地鐵中，你往鄰座的人那裡擠一擠好讓出空間給另一個乘客，我們通常不會認為這是違反義務的行為。所以論理式闡明方法會得出的解釋不只是要求有碰觸的意圖，也要有因為碰觸的結果而使之受傷的意圖。它所得出的解釋不同於加斯梅案法院的解釋。

不同的司法觀點及相關的法律論理模式，對於非法侵犯的法律定義有不同的解釋。有一種模式強調尊重前案裁判，以及它所帶來的穩定性。另一種模式則認為鑑於法律的價值，其目的應在促進所要追求的進步。社會思想中常見的二元論也存在於法律生活中。

我們已經探究了像法律人一樣思考的梗概，以及圍繞這種思想的法學教育過程。還有更多值得深入探討。還有許多未臻完善之處。大法官金恩、韓迪與福斯特（以及塔丁）可能還是無法達成合意。像法律人一樣思考並不只有一種方法。

所以我們將回到起點。法律學子，以及對於法官選任有興趣的公民，至少應該瞭解這些爭辯的背景故事。他們應該學習法律文化的精修課程。而後他們應該建立自己的思維模式。

希望他們現在已經這麼做了。也希望他們可以達成目標。

原文注釋

第一章

1. Edwin W. Patterson, *The Case Method in American Legal Education: Its Origins and Objectives,* 4 J. LEGAL EDUC. 1, 2–3 (1951).

2. *See* Alan A. Stone, Legal Education on the Couch, 85 HARV. L. REV. 392, 398–401 (1971)。討論在開始接受法學教育之前，通常欠缺法學院一年級新生所需的信念，造成對於包括專業、個人與意識型態等各種面向的認同感出現更長的不確定期。.

3. *See* Oliver Wendell Holmes, Brown University-Commencement 1897, *in* COLLECTED LEGAL PAPERS 164, 164–65 (1920) (acknowledging Edmund Burke's assertion).

4. Sam Hurt, "Fish Law," Eyebeam.

5. JOHN RAWLS, A THEORY OF JUSTICE 235 (Harvard Univ. Press 1971).

6. *Id.* at 239–40.

7. *See* LON L. FULLER, THE MORALITY OF LAW (Yale Univ. Press rev. ed. 1969), 152–86.

8. 著重在一般私法案件，而非有關憲法爭議的大案件，建立法律論理的理論是法程序學派的特點。見 pp. 107–108.

9. See chapter 4 (pp. 66–82 for entire chapter).

10. For discussions of scholars who do so, *see, e.g.,* Gerald Turkel, *Michel Foucault: Law, Power, and Knowledge,* 17 J.L. & SOC'Y 170, 178–87 (1990), and Michael Clarke, *Durkheim's Sociology of Law,* 3 BRIT. J.L. & SOC'Y 246, 246–51 (1976).

11. *See, e.g.,* FULLER, THE MORALITY OF LAW, 152–86.

12. RAWLS, A THEORY OF JUSTICE, 260–63.

13. PLATO, REPUBLIC 514a–16c (G. M. A. Grube trans., rev. by C. D. C. Reeve 1992).

14. *See generally* Guido Calabresi & A. Douglas Melamed, *Property Rules, Liability Rules, and Inalienability: One View of the Cathedral,* 85 HARV. L. REV. 1089, 1090 n.2 (1972).

第二章

1. SANFORD LEVINSON, CONSTITUTIONAL FAITH (Princeton Univ. Press

2nd ed. 2011), 29。「有兩種不同的變項，我分別稱之為『天主教的』與『新教的』立場。後者的立場表示那就是憲法本文；前者的立場則是法理來源是憲法本文加上不成文的傳統。」

2. *Lon Fuller, The Case of the Speluncean Explorers,* 62 HARV. L. REV. 616 (1949).

3. *Id.* at 619.

4. *Id.*

5. *Id.* at 632.

6. *Id.* at 637.

7. *Id.* at 637–38.

8. *Id.* at 638.

9. *Id.* at 620.

10. *Id.* at 621.

11. *Id.* at 625.

12. *Id.* at 635.

13. WILLIAM SHAKESPEARE, OTHELLO, act 1, sc. 3, line 143–44 ("And of the cannibals that each other eat, The Anthropophagi. ").

14. FULLER, THE MORALITY OF LAW, 634.

15. *Id.* at 645.

16. SEE William C. Powers Jr., Formalism *and Nonformalism in Choice of Law Methodology,* 52 WASH. L. REV. 27, 28 (1976)。「形式化的決定並未使用所有可得的相關資訊，它篩除那些不是規則具體引述的資訊。」William C. Powers Jr., *Structural Aspects of the Impact of Law on Moral Duty Within Utilitarianism and Social Contract Theory*, 26 UCLA L. Rev. 1263, 1268 (1979).

17. *See generally* Duncan Kennedy, *Form and Substance in Private Law Adjudication,* 89 HARV. L. REV. 1685 (1976)。討論美國私法判決、著作與論文中找到的不同修辭模式之性質與關聯性。

18. LEWIS CARROLL, THROUGH THE LOOKING-GLASS, AND WHAT ALICE FOUND THERE 124 (Avenel Books 1970 [1871])。（「當我使用一個字，」蛋頭先生以輕蔑的語調說，「它就是指我想要指的事，不多也不少。」）

第三章

1. *See* Powers, *Structural Aspects,* 1264–65; *see also* Powers, *Formalism,* 27.

2. FRANZ KAFKA, THE TRIAL 326–35 (E. M. Butler ed., Willa & Edwin Muir trans., Random House rev. ed. 1956 [1925]).

3. *See generally* Powers, *Formalism*, at 27 (discussing three structural models of the impact of law on moral duty). *See also* Powers, *Structural Aspects.*

4. John Voland, *Turner Defends Move to Colorize Films,* L.A. TIMES (Oct. 23, 1986),

www.latimes.com/archives/la-xpm-1986-10-23-ca-6941-story.html.

5. *See, e.g.,* R. DUNCAN LUCE & HOWARD RAIFFA, GAMES AND DECISIONS: INTRODUCTION AND CRITICAL SURVEY 94–97 (Wiley 1957); PETER C. ORDESHOOK, GAME THEORY AND POLITICAL THEORY: AN INTRODUCTION 206–10 (Cambridge Books 1986).

6. *See generally* JEAN-JACQUES ROUSSEAU, EMILE, OR EDUCATION 84–85 (Barbara Fox trans., J. M. Dent & Sons 4th ed. 1921 [1762]) (tasking the young educator with the crucial "art of controlling without precepts, and doing everything without doing anything at all").

7. V. I. LENIN, THE STATE AND REVOLUTION 16–21 (Robert Service trans., Penguin Books 1992).

8. Alf Ross, *Tû-Tû,* 70 HARV. L. REV. 812 (1957).

9. JEAN-JACQUES ROUSSEAU, THE SOCIAL CONTRACT & DISCOURSES 32–34 (G. D. H. Cole trans., E. P. Dutton & Co. 1950 [1762]).

10. MacPherson v. Buick Motor Co. 111 N.E. 1050 (N.Y. 1916).

11. Winterbottom v. Wright 152 Eng. Rep. 402 (Ex. 1842).

12. Jean-Paul Sartre, *Existentialism Is a Humanism,* in EXISTENTIALISM FROM DOSTOEVSKY TO SARTRE 287, 292–94 (Walter Kaufmann ed. & trans., World Pub. Company 20th ed. 1964 [1956]).

13. *See* FRIEDRICH NIETZSCHE, *The Birth of Tragedy from the Spirit of Music, in* THE BIRTH OF TRAGEDY AND THE GENEALOGY OF MORALS 19– 23 (F. Golffing trans., 1956) (discussing the Appollonian and Dionysian duality).

14. HERMAN MELVILLE, BILLY BUDD, SAILOR 101 (H. Hayford & M. Sealts eds., Univ. of Chicago Press 1962).

15. Id. at 110–11.

16. 拉穆爾・蕭在一八三〇到一八六〇年間擔任麻州最高法院首席大法官時，寫下一些重要的判決，包括具開創性的侵權案判決。參閱「布朗訴肯達爾案」（*Brown v. Kendall,* 1850）（要求在侵入不動產的案件中，原告必須符合某種過失標準）。雖然其裁判有助於建構多種法律領域的理論，以及那個時代特有的經濟發展需求，但它們時常未能保護該州最需要法律保護的人。參閱 Morton J. Horwitz, The Transformation of American Law, 1780-1860 at 99, Harvard Univ. Press 1977。「過失法律成為一項重要工具，藉此美國社會的發展勢力能夠挑戰且最終壓垮經濟相對弱勢者。」

17. *See* ROBERT COVER, JUSTICE ACCUSED: ANTISLAVERY AND THE JUDICIAL PROCESS 4–5 (Yale Univ. Press 1975)。（討論拉穆爾・蕭被視為反奴者，卻堅定適用法律而對逃跑的奴隸做出嚴苛的裁判。）

18. *Id.*

19. *See* NIETZSCHE, THE BIRTH OF TRAGEDY.

20. *See* MELVILLE, BILLY BUDD, 129.

21. NIETZSCHE, THE BIRTH OF TRAGEDY, at 19.

22. ALFRED KAZIN, THE PORTABLE BLAKE 46 (Penguin Books ed. 1976 [1946]).

23. JAMES FENIMORE COOPER, THE PIONEERS 15–29 (Penguin Books 1988 [1823]).

24. DIRTY HARRY (Warner Bros. 1971).

25. APOCALYPSE NOW (Zoetrope Studios 1979).

26. JOSEPH CONRAD, HEART OF DARKNESS (Penguin Books 1976 [1902]).

27. APOCALYPSE NOW.

28. GEORGE ORWELL, 1984 (Harcourt, Brace ed. 1949).

29. BORIS PASTERNAK, DOCTOR ZHIVAGO (Richard Pevear & Larissa Volokhonsky trans., Vintage International ed. 2010).

30. LEO TOLSTOY, WAR AND PEACE 1308 (Rosemary Edmonds trans., PENGUIN Books ed. 1982 [1869]).

31. ALBERT CAMUS, *The Artist at Work, in* EXILE AND THE KINGDOM 110 (Justin O'Brien trans., Knopf ed. 1958).

32. THE EPIC OF GILGAMESH (Andrew George trans., Penguin Books ed. 1999).

33. WALKER PERCY, THE MOVIEGOER (Vintage International ed. 1998).

34. *Id.* at 184–200.

35. SOPHOCLES, OEDIPUS REX (Stephen Berg & Diskin Clay trans., Ox- ford Univ. Press 1978 [440 BCE]).

第四章

1. 當代實證論的論述主張區別法律與道德有強弱兩種概念。在較弱的概念上，道德標準可以透過法官與其他法律人員的實務操作而納入法律。舉例來說，聯邦最高法院採用「演進的文明標準」判斷懲罰是否屬殘酷而異常以致違反憲法第八修正案，只要法官適用這項判斷標準，道德標準就會成為法律的一部分。參閱「特洛普訴杜勒斯案」（*Trop v. Dulles*, 1958）。在該例中，區別在於該標準因為司法實務而具有法律效力，而不是因為它是真確或有效的道德標準。在較強的概念上，法院採用道德標準以解釋成文法或憲法條文時，並不會因此將道德標準納入法律，就像禁止特定行為的道德戒律（例如故意毀損財物）並不會因為立法禁止相同特定行為就成為法律的一部分。無論採用哪種概念，法律與道德標準縱然有相同內容，仍是有區別的。（編註）

2. B. F. SKINNER, ABOUT BEHAVIORISM 9–20 (Knopf 1974).

3. Oliver Wendell Holmes Jr., *The Path of the Law,* 10 HARV. L. REV. 457 (1897).

4. JOHN FINNIS, NATURAL LAW AND NATURAL RIGHTS 23–25 (Oxford Univ. Press 1980).

5. MATTHEW LEVERING, BIBLICAL NATURAL LAW: A THEOCENTRIC AND TELEOLOGICAL APPROACH (Oxford Univ. Press 2008).

6. Jacobellis v. Ohio 378 U.S. 184 (1964), 197.

7. H. L. A. Hart, *Positivism and the Separation of Law and Morals,* 71 HARV. L. REV. 593 (1958).

8. FINNIS, NATURAL LAW AND NATURAL RIGHTS, 59–99.

9. *Id.*

10. RONALD DWORKIN, JUSTICE FOR HEDGEHOGS 405–15 (Harvard Univ. Press 2011).

11. CICERO, ON THE COMMONWEALTH AND ON THE LAWS (J. E. G. Zetzel ed., Cambridge Univ. Press ed. 1999).

12. EPICTETUS, HANDBOOK (Nicholas White trans., Hackett 1983).

13. RICHARD HOOKER, OF THE LAWS OF ECCLESIASTICAL POLITY (A. S. Mc-Grade ed., Cambridge Univ. Press ed. 1989).

14. HUGO GROTIUS, ON THE LAW OF WAR AND PEACE (F. W. Kelsey trans., Oxford Univ. Press ed. 1925).

15. SAMUEL PUFENDORF, ON THE DUTY OF MAN AND CITIZEN ACCORDING TO THE LAW OF NATURE (James Tully ed., Cambridge Univ. Press ed. 1991).

16. JOHN LOCKE, SECOND TREATISE OF GOVERNMENT (C. B. Macpherson ed., Hackett ed. 1980 [1690]).

17. THOMAS AQUINAS, TREATISE ON LAW (Richard J. Regan trans., Hackett ed. 2000).

18. WILLIAM BLACKSTONE, COMMENTARIES ON THE LAWS OF ENGLAND 1, 38–63 (Univ. of Chicago Press facsimile ed. 1979 [1765]).

19. DECLARATION OF INDEPENDENCE PARA. 2 (U.S. 1776).

20. Martin Luther King Jr., "Letter from Birmingham Jail," in WHY WE CAN'T WAIT 77 (Harper & Row 1963).

21. BLACKSTONE, COMMENTARIES, 42–43.

22. PLATO, REPUBLIC 338c.

23. JEREMY BENTHAM, A FRAGMENT ON GOVERNMENT (J. H. Burns and H. L. A. Hart eds., Cambridge Univ. Press 1988 [1776]).

24. BLACKSTONE, COMMENTARIES, 120–21.

25. DECLARATION OF INDEPENDENCE PARA. 2.

26. THOMAS HOBBES, LEVIATHAN 86–121 (Richard Tuck ed., Cambridge Univ. Press 1996 [1651]).

27. BENTHAM, OF LAWS IN GENERAL 1 (H. L. A. Hart ed., Althone Press 1970).

28. *Id.* at 18.

29. JOHN AUSTIN, THE PROVINCE OF JURISPRUDENCE DETERMINED (Wilfrid E. Rumble ed., Cambridge Univ. Press 1995 [1832]).

30. *Id.* at 19.

31. *Id.* at 25.

32. *Id.* at 166.

33. Holmes, *The Path of the Law,* 73.

34. HANS KELSEN, PURE THEORY OF LAW (M. Knight trans., Univ. of California Press 1967). The work was originally published in German with the title REINE RECHTSLEHRE, and an expanded second edition was published in 1960.

35. *Id.* at 7-8.

36. *Id.* at 8.

37. *Id.* at 211-12.

38. BENTHAM, OF LAWS IN GENERAL, 18.

39. AUSTIN, THE PROVINCE OF JURISPRUDENCE DETERMINED, 166.

40. HART, THE CONCEPT OF LAW (Oxford Univ. Press 1961).

41. H. L. A. Hart, *Positivism and the Separation of Law and Morals.*

42. Lon Fuller, *Positivism and Fidelity to Law-A Reply to Professor Hart,* 71 HARV. L. REV. 630 (1957).

43. H. L. A. HART, THE CONCEPT OF LAW, 27-28.

44. *Id.* at 49-76.

45. *Id.* at 105-07.

46. *Id.* at 89-96.

47. *Id.* at 92-93 and 102-04.

48. *Id.* at 105-06.

49. Hart, *Positivism and the Separation of Law and Morals*, 619-20。哈特回應的實證論反對者是古斯塔夫．拉德布魯赫（Gustav Radbruch），他先前堅定支持實證論，但因為在第三帝國期間親身經歷納粹對實證論的濫用，轉而反對實證論。（編註）

50. *Id.*

51. Fuller, *Positivism and Fidelity to Law,* 652-54.

52. LON FULLER, THE MORALITY OF LAW.

53. Fuller, *Positivism and Fidelity to Law.*

54. *Id.* at 645–46 and FULLER, THE MORALITY OF LAW, 41-44.

55. FULLER, THE MORALITY OF LAW, 41-42.

56. *Id.* at 42.

57. HART, THE CONCEPT OF LAW, 199.

58. FULLER, THE MORALITY OF LAW, 42-43.

59. *Id.* at 133-45.

60. LUDWIG WITTGENSTEIN, PHILOSOPHICAL INVESTIGATIONS (G. E. M. Anscombe trans., Macmillan 1953).

61. Fuller, *Positivism and Fidelity to Law,* 662-63.

62. LUDWIG WITTGENSTEIN, TRACTATUS LOGICO-PHILOSOPHICUS (D. F. Pears & B. F. McGuinness trans., Routledge and Kegan Paul 1961 [1921]).

63. WITTGENSTEIN, PHILOSOPHICAL INVESTIGATIONS.

64. *See* Robert Cooter & Melvin Aron Eisenberg, *Damages for Breach of Contract,* 73 CAL. L. REV. 1438-44 (1985).

65. LON L. FULLER, BASIC CONTRACT LAW (West Publishing 1947). The second edition was published in 1964, with Robert Braucher as coeditor.

66. 關於契約法的案例教材應該從什麼地方入門，歧見始於科爾賓（Arthur Corbin）與富勒，導致兩人無法共同編著案例教材。Scott D. Gerber, *Corbin and Fuller's Cases on Contract (1942): The Casebook that Never Was,* 72 Fordham L. Rev. 595 (2003)。

67. *See* William N. Eskridge Jr. & Philip P. Frickey, *The Making of the Legal Process,* 107 HARV. L. REV. 2031, 2038-49 (1993).

68. FULLER, THE MORALITY OF LAW, 137-45.

第五章

1. KARL LLEWELLYN, THE COMMON LAW TRADITION: DECIDING APPEALS (Quid Pro Books 2016 [1960]).

2. GRANT GILMORE, THE AGES OF AMERICAN LAW 108 (Yale Univ. Press ed. 2015 [1977]).

3. *See, e.g.*, HORWITZ, TRANSFORMATION, 1780–1860; *see also* MORTON HORWITZ, THE TRANSFORMATION OF AMERICAN LAW, 1870–1960: THE CRISIS OF LEGAL ORTHODOXY (Oxford Univ. Press 1992).

4. *See, e.g.,* Robert W. Gordon, *Critical Legal Histories,* 36 STAN. L. REV. 57 (1984).

5. *See, e.g.,* Robert M. Cover, *The Supreme Court 1982 Term,* 97 HARV. L. REV. 4 (1983).

6. *See, e.g.,* DAVID M. RABBAN, LAW'S HISTORY: AMERICAN LEGAL THOUGHT AND THE TRANSATLANTIC TURN TO HISTORY (Cambridge Univ. Press 2012).

7. PLATO, CRATYLUS 402a. Fragment 91, Diels-Kranz (HERMANN ALEXANDER DIELS & WALTHER KRANZ, THE FRAGMENTS OF THE PRE-SOCRATICS, 5TH ED.).

8. W. K. C. GUTHRIE, A HISTORY OF GREEK PHILOSOPHY, VOLUME II: THE PRESOCRATIC TRADITION FROM PARMENIDES TO DEMOCRITUS 4–5 (Cam-

bridge Univ. Press 1979).

9. See ARISTOTLE, PHYSICS 239b; *see also* PLATO, PARMENIDES 127d–28e.

10. PLATO, CRATYLUS 439a–40d.

11. KARL MARX & FREDERICK ENGELS, MARX & ENGELS COLLECTED WORKS, VOLUME *5:* MARX AND ENGELS, 1845–1847 at 409–14 (Lawrence & Wishart 1976).

12. *See, e.g.,* G. A. COHEN, KARL MARX'S THEORY OF HISTORY: A DEFENCE (Princeton Univ. Press 1978); ERIK OLIN WRIGHT, ANDREW LEVINE & ELLIOT SOBER, RECONSTRUCTING MARXISM: ESSAYS ON EXPLANATION AND THEORY OF HISTORY (Verso 1992); NIKOLAUS LOBKOWICZ, THEORY AND PRACTICE: HISTORY OF A CONCEPT FROM ARISTOTLE TO MARX (Univ. of Notre Dame Press 1967); and RICHARD W. MILLER, ANALYZING MARX: MORALITY, POWER, AND HISTORY (Princeton Univ. Press 1984).

13. BLACKSTONE, COMMENTARIES, vols. 1–4.

14. Thomas G. Barnes, *Introduction to Coke's "Commentary on Littleton"* (1995), IN LAW, LIBERTY, AND PARLIAMENT: SELECTED ESSAYS ON THE WRITINGS OF SIR EDWARD COKE 1, 24 (Allen D. Boyer ed., Liberty Fund 2004) (discussing Coke's strong influence on colonial law); Roscoe Pound, *The Development of Constitutional Guarantees of Liberty in Medieval England*, 20 NOTRE DAME LAW. 183, 229 (1945) (discussing the influence of Coke's doctrine over that set forth by Blackstone).

15. *See* Henry Monaghan, *Stare Decisis and Constitutional Adjudication,* 88 COLUM. L. REV. 723 (1988) (discussing the importance of America having a *written* Constitution).

16. BLACKSTONE, COMMENTARIES, vol. 1, 327.

17. Slade v. Morley 76 Eng. Rep. 1072 (KB 1602).

18. *See* JAMES BARR AMES, LECTURES ON LEGAL HISTORY, LECTURE 13: EXPRESS ASSUMPSIT 128 (Cambridge 1913) (It is said that "no case has been found recognizing the validity of a promise 'to pay' a precedent debt before 1542"). *But see* Morton Horwitz, *The Historical Foundations of Modern Contract Law*, 87 HARV. L. REV. 917, 919–20, 929–31, 936 (1974) (without stating categorically that executory contracts were never recognized, dis- cusses how they were rarely enforced).

19. HORWITZ, TRANSFORMATION, 1780–1860, at 99.

20. *Id.* at 38–41.

21. *Id.* at 39–42.

22. *Id.* at 93–99.

23. *See* LLEWELLYN, THE COMMON LAW TRADITION, 5, 36–38 (discussing

the term's meaning); *see also* GILMORE, THE AGES OF AMERICAN LAW (discussing and elaborating on Llewellyn's use of the phrase).

24. JAMES WILLARD HURST, THE GROWTH OF AMERICAN LAW: THE LAW MAKERS, 183–89 (The Lawbook Exchange ed. 2007 [1950]).

25. Charles River Bridge v. Warren Bridge 36 U.S. (11 Pet.) 420 (1837).

26. Swift v. Tyson 41 U.S. (16 Pet.) 1 (1842).

27. HORWITZ, TRANSFORMATION, 1780–1860, at 88–98.

28. Walton H. Hamilton, *The Ancient Maxim Caveat Emptor,* 40 YALE L.J. 1133, 1156, 1164–66 (1931).

29. HORWITZ, TRANSFORMATION, 1780–1860, at 178–82.

30. Roscoe Pound, *Mechanical Jurisprudence,* 8 Colum. L. Rev. 605, 607, 620-21, 1908。將機械法理學描述為法官因受限於法律，不能受法哲學、意識型態或黨派影響，在形成裁判時沒有多少裁量空間。Horwitz, Transformation, 1870-1960, at 186-89。

31. Grant Gilmore, *Formalism and the Law of Negotiable Instruments,* 13 CREIGHTON L. REV. 441, 446–48 (1979).

32. HORWITZ, TRANSFORMATION, 1870–1960, at 66–71.

33. *Id.* at 72–75.

34. *Id.* at 38–40.

35. Roscoe Pound, *The Economic Interpretation and the Law of Torts,* 53 HARV. L. REV. 365, 373–79 (1940). *See also* OLIVER WENDELL HOLMES, THE COMMON LAW 16 (Mark DeWolfe Howe ed., Little Brown and Co. 1963 [1881]).

36. HORWITZ, TRANSFORMATION, 1780–1860, at 210–12.

37. ROBERT COVER, JUSTICE ACCUSED: ANTISLAVERY AND THE JUDICIAL PROCESS 151–57 (Yale Univ. Press 1975).

38. *See* CHARLES DICKENS, BLEAK HOUSE (Vintage Classics ed. 2012 [1853]).

39. KARL MARX, THE CIVIL WAR IN FRANCE (Int'l Library Pub. Co. 1900 [1871]).

40. 大致參閱 William E. Forbath, Law and the Shaping of the American Labor Movement, 1991。討論工會的興起與工會成員數、協同組織的增加，以及通過勞工立法之間的關係。

41. Morton Horwitz, *Rise of Legal Formalism,* 19 AM. J. LEGAL HIST. 251, 253 (1975).

42. *Id.* at 255–56, 263–64; *see also* Patterson, *The Case Method in American Legal Education.*

43. *See* ROBERT BOCKING STEVENS, LAW SCHOOL: LEGAL EDUCATION IN AMERICA FROM THE 1850s TO THE 1980s, 35–72 (1983). (discussing the "academization" of law schools in the United States).

44. *Id.*

45. *Id.* at 53–64.

46. *See* RESTATEMENT (THIRD) OF TORTS § 29.

47. *Id.* Reporter's Notes to comment a.

48. *Id.* at comment d.

49. HORWITZ, TRANSFORMATION, 1870–1960, at 255–56.

50. *Id.*

51. *See, e.g.*, Pound, *The Economic Interpretation and the Law of Torts,* 615–17; MORRIS COHEN, THE PROCESS OF JUDICIAL LEGISLATION IN LAW AND THE SOCIAL ORDER (Harcourt, Brace & Co. 1933); T. Alexander Aleinikoff, *Constitutional Law in the Age of Balancing,* 96 YALE L. J. 943 (1987).

52. Holmes, J., *in* Lochner v. New York, 198 U.S. 45, 75 (1905).

53. *Id.* at 76.

54. Holmes, *The Path of the Law.*

55. Lochner v. New York 198 U.S. 45, 76 (1905).

56. *Id.*

57. Riggs v Palmer 115 N.Y. 506, 22 N.E. 188, 191 (1889).

58. *See* Roscoe Pound, *The Need of a Sociological Jurisprudence,* 10 CRIME AND DELINQUENCY 398 (1964); originally published in *The Green Bag,* vol. 19, no. 4, 1907. *See also* Roscoe Pound, *The Scope and Purpose of Sociological Jurisprudence,* 24 HARV. L. REV. 591 (1911); Edward White, *From Sociological Jurisprudence to Realism: Jurisprudence and Social Change in Early Twentieth-Century America,* 58 VA. L. REV. 999 (1972).

59. HORWITZ, TRANSFORMATION, 1870–1960, at 60.

60. Pound, *The Economic Interpretation and the Law of Torts,* 373–81.

61. G. Edward White, *From Sociological Jurisprudence to Realism.*

62. *Id.*

63. Mark V. Tushnet, *Anti-Formalism in Recent Constitutional Theory,* 83 MICH. L. REV. 1502 (1985).

64. *Id.* at 1537–39.

65. DREW PEARSON & ROBERT S. ALLEN, THE NINE OLD MEN (Doubleday, Doran & Co. 1936) (referring to the justices as "nine old men").

66. West Coast Hotel Co. v. Parrish 300 U.S. 379, 400 (1937); NLRB v. Jones & Laughlin Steel Corp. 301 U.S. 1, 43 (1937).

67. Richard D. Friedman, *Switching Time and Other Thought Experi- ments: The Hughes Court and Constitutional Transformation,* 142 U. PA. L. REV. 1891, 1895–97 (1994).

68. JEROME FRANK, LAW AND THE MODERN MIND (Brentano's 1930).

69. LLEWELLYN, THE COMMON LAW TRADITION.

70. KARL LLEWELLYN, THE BRAMBLE BUSH: ON OUR LAW AND ITS STUDY (Quid Pro ed. 2016 [1930]).

71. *See generally* SAMUEL WILLISTON, LIFE AND LAW (Little, Brown & Co. 1940)

72. UCC § 1–201(3); UCC § 1–303(c).

73. *Id.* § 1–303(c).

74. *Id.* § 1–303(b).

75. LAURA KALMAN, LEGAL REALISM AT YALE, 1927–1960 at 130 (1986); RONEN SHAMIR, MANAGING LEGAL UNCERTAINTY: ELITE LAWYERS IN THE NEW DEAL 131–57 (1995) (chapter 6).

76. *Daniel R. Ernst, Common Laborers-Industrial Pluralists, Legal Realists, and the Law of Industrial Disputes,* 11 Law & Hist. Rev. 59, 66–68, 79–83 (1993).

77. UCC § 2–302, comment 1.

78. 111 N.E. 1050 (N.Y. 1916).

79. 10 M. & W. 109, 152 Eng. Rep. 402 (1842).

80. Thomas v. Winchester 6 N.Y. 397 (1852).

81. Devlin v. Smith 89 N.Y. 470 (1882).

82. Statler v. Ray Mfg. Co. 195 N.Y. 478, 88 N.E. 1063 (1909).

83. Palsgraf v. Long Island R.R. Co. 162 N.E. 99 (N.Y. 1928).

84. William Powers Jr., *Thaumatrope,* 77 TEX. L. REV. 1319, 1329–30 (1999).

85. *In* Re Polemis 3 K.B. 560, 577 [1921] (A.C.) (Eng.).

86. Overseas Tankship (U.K.) Ltd. v Morts Dock & Eng'g Co. (Wagon Mound I), [1961] A.C. 388 (J.C.).

87. Ehrgott v. Mayor 96 N.Y. 264 (1884).

88. 162 N.E. 99, 101 (N.Y. 1928).

89. Powers, *Thaumatrope,* 1320 (discussing Leon S. Lipson, *The Allegheny College Case,* 23 YALE L. REP. 8, 11 (1977)).

90. Lipson, *The Allegheny College Case,* 23 YALE L. REP. 8, 11 (1977).

91. Palsgraf v. Long Island R.R. Co. 162 N.E. 99, 102 (N.Y. 1928) (An- drews, J., dissent).

92. Erie Railroad Co. v. Tompkins 304 U.S. 64 (1938).

93. *Id.* at 102; *see generally,* Henry Friendly, *The Historic Basis of Di- versity Jurisdiction,* 41 HARV. L. REV. 483 (1928)。（討論聯邦法院遵行的聯邦管轄權規則之歷史基礎與發展過程。）

94. Swift v. Tyson 41 U.S. (16 Pet.) 1 (1842).

95. Graham Hughes, *Duties to Trespassers: A Comparative Survey and Revaluation,* 68 Yale L.J. 633, 635 (1959).

96. See Judiciary Act of 1789, ch. 20, § 25, I Stat. 73, 85–86. *See also* Charles Warren, *New Light on the History of the Federal Judiciary Act of 1789,* 37 HARV. L. REV. 49, 84–85 (1923).

97. 28 U.S.C. § 2071–77.

98. Erie Railroad Co. v. Tompkins 304 U.S. 64, 79 (1938) (Brandeis was quoting Holmes in Black & White Taxicab & Transfer Co. v. Brown & Yellow Taxicab & Transfer Co. 276 U.S. 518 (1928) dissent at 533.).

第六章

1. Brown v. Board of Education of Topeka 347 U.S. 483 (1954).

2. United States v. Carroll Towing Co. 159 F.2d 169 (2nd Cir. 1947).

3. HENNINGSEN V. BLOOMFIELD MOTORS, INC. 32 N.J. 358, 161 A.2d 69 (1960).

4. U.S. CONST. ART. III, § 2.

5. Fairchild v. Hughes 258 U.S. 126 (1922); Massachusetts v. Mellon 262 US 447 (1923).

6. Abbott Laboratories v. Gardner 387 U.S. 136 (1937).

7. Aetna Life Ins. v Haworth 300 U.S. 227 (1937).

8. Baker v. Carr 369 U.S. 186 (1962).

9. HENRY M. HART JR. & HERBERT WECHSLER, THE FEDERAL COURTS AND THE FEDERAL SYSTEM (Foundation Press 1st ed. 1953).

10. HENRY M. HART JR. & ALBERT M. SACKS, THE LEGAL PROCESS: BASIC PROBLEMS IN THE MAKING AND APPLICATION OF LAW 10–68 (William N. Eskridge Jr. & Philip P. Frickey eds., 1994).

11. L. Gillarde Co. v. Joseph Martinelli & Co. 169 F.2d 60 (1st Cir. 1948).

12. Jenkins v. Rose's 5-10-25 Cent Store, Inc. 213 N.C. 606 (1938).

13. Norway Plains Co. v. Bos. & Me. R.R. 67 Mass. 263 (1854).

14. Lichten v. Eastern Airlines, Inc. 189 F.2d 939 (2nd Cir. 1951); HART & SACKS, THE LEGAL PROCESS, 240–65.

15. Youngstown Sheet and Tube Co. v. Sawyer 343 U.S. 579 (1952).

16. Fred Schauer, *Easy Cases,* 58 S. CAL. L. REV. 399 (1985).

17. HART & SACKS, THE LEGAL PROCESS, 10–60.

18. PLATO, REPUBLIC 331c–d.

19. *Id.* at 332a8–b7.

20. *Id.* at 338c1–2.

21. *Id.* at 514a1–517a6.

22. *Id.* 369a1–427e5.

23. Jenkins v. Rose's 5-10-25 Cent Stores, Inc. 213 N.C. 606 (1938).

24. Riggs v. Palmer 115 N.Y. 506, 22 N.E. 188 (1889).

25. HART & SACKS, THE LEGAL PROCESS, 1114, excerpting Francis

Lieber, LEGAL AND POLITICAL HERMENEUTICS, OR PRINCIPLES OF INTERPRETATION AND CONSTRUCTION IN LAW AND POLITICS 18 1837 (William G. Hammond ed., St. Louis, F. H. Thomas & Co. 3rd ed. 1880 [1837])。在利伯提出的例子中，只是指示管家「帶些肉湯來」，並且給管家一些錢。他用這個例子來顯示有多少指示並未言明，留待詮釋，例如錢是用來買肉，沒有花掉的要歸還。（編註）

26. Norway Plains Co. v. Bos. & Me. R.R. 67 Mass. 263 (1854). *See* HART & SACKS, THE LEGAL PROCESS, 386–95; *see also Id.* (discussion of *Norway Plains* as Problem No. 11 in chapter 3, section 2).

27. HART & SACKS, THE LEGAL PROCESS, 1133–42.

28. Johnson v. Southern Pacific Co. 117 F. 462 (8th Cir. 1902).

29. Johnson v. Southern Pacific Co. 196 U.S. 1 (1904).

30. WITTGENSTEIN, PHILOSOPHICAL INVESTIGATIONS.

31. HART & SACKS, THE LEGAL PROCESS, 1124.

32. Youngstown Sheet and Tube Co. v. Sawyer 343 U.S. 579 (1952).

33. HART & SACKS, THE LEGAL PROCESS, 457–58.

34. *Id.* at 286–87.

35. *Id.* at 104.

36. *See* pp. 189–90.

37. Ronald Dworkin, *Hard Cases,* 88 HARV. L. REV. 1057 (1975).

38. RONALD DWORKIN, TAKING RIGHTS SERIOUSLY (Harvard Univ. Press 1977); RONALD DWORKIN, A MATTER OF PRINCIPLE (Harvard Univ. Press 1985); RONALD DWORKIN, LAW'S EMPIRE (Harvard Univ. Press 1986); RONALD DWORKIN, JUSTICE IN ROBES (Harvard Univ. Press 2006).

39. Dworkin, *Hard Cases,* 1089–93.

40. Dworkin did not share this aversion. *See* LAW'S EMPIRE, at 355–99.-Ed.

41. Brown v. Board of Education of Topeka 347 U.S. 483 (1954).

42. 381 U.S. 479 (1965).

43. 410 U.S. 113 (1973).

第七章

1. RAWLS, A THEORY OF JUSTICE, 24–25 and 404–07.

2. *Id.* at 27–33 and 446–52.

3. JEREMY BENTHAM, AN INTRODUCTION TO THE PRINCIPLES OF MORALS AND LEGISLATION (J. H. Burns & H. L. A. Hart eds., Methuen & Co. 1982 [1789]).

4. J. S. MILL, UTILITARIANISM (George Sher ed., Hackett Publishing Co. 1979

[1863]).

5. 許多現代的功利主義者依循邊沁的想法，認為所有能體驗到愉悅與痛苦的動物之幸福均應計入。（編註）

6. *See, e.g.,* DAVID LYONS, FORMS AND LIMITS OF UTILITARIANISM (Oxford Univ. Press 1965); J. J. C. SMART & BERNARD WILLIAMS, UTILITARI- ANISM: FOR AND AGAINST (Cambridge Univ. Press 1973); AMARTYA SEN & BERNARD WILLIAMS EDS., UTILITARIANISM AND BEYOND (Cambridge Univ. Press 1982); DONALD REGAN, UTILITARIANISM AND COOPERATION (Oxford Univ. Press 1980).

7. See JAMES GRIFFIN, WELL-BEING: ITS MEANING, MEASUREMENT, AND MORAL IMPORTANCE (Oxford Univ. Press 1986).

8. J. S. MILL, UTILITARIANISM.

9. J. S. MILL, ON LIBERTY (E. Rappaport ed., Hackett Publishing Co. 1978 [1859]).

10. Powers, *Structural Aspects of the Impact of Law,* 1276.

11. *Id.*

12. W. S. JEVONS, THE THEORY OF POLITICAL ECONOMY (Macmillan 4th ed. rpt. 1924 [1871]); Lionel Robbins, *Interpersonal Comparisons of Utility: A Comment,* 68 Econ. J. 635 (1938); I. M. D. LITTLE, A CRITIQUE OF WELFARE ECONOMICS (Oxford Univ. Press 2nd ed. 1957); Robert Nozick, *Interpersonal Utility Theory,* 2 Social Choice and Welfare 161 (1985); Marc Fleurbaey & Peter Hammond, *Interpersonally Comparable Utility,* in 2 HANDBOOK OF UTILITY THEORY 1181 (S. Barbera, P. J. Hammond & C. Seidl eds., Kluwer Acad. Pub. 1998).

13. J. M. E. MCTAGGART, THE NATURE OF EXISTENCE, VOLUME 2 (Cambridge Univ. Press 1927) §870. For a more recent treatment, *see* ROGER CRISP, REASONS AND THE GOOD (Oxford Univ. Press 2006), 112.

14. Judith Jarvis Thomson, *The Trolley Problem,* 94 Yale L. J. 1395, 1985。用假設的失控電車來測試人們直覺上如何判斷哪些殺人行為是可容許的，哪些又是無法容許的，這種做法源自菲利帕．福特（Philippa Foot）。見其著作 *Abortion and the Doctrine of Double Effect,* 5 Oxford Rev. 5, 1967。（編註）

15. Powers, *Structural Aspects of the Impact of Law;* LIAM B. MURPHY, MORAL DEMANDS IN NONIDEAL THEORY (Oxford Univ. Press 2000).

16. RICHARD BRANDT, A THEORY OF THE RIGHT AND THE GOOD (Clarendon Press 1979), 286–305; BRAD HOOKER, IDEAL CODE, REAL WORLD: A RULE CONSEQUENTIALIST THEORY OF MORALITY (Oxford Univ. Press 2000).

17. HOBBES, LEVIATHAN, 89.

18. Powers, *Structural Aspects of the Impact of Law,* 1263.

19. *Id.* at 1291.

20. *Id.* at 1297.

21. *Id.* at 1265.

22. *Id.* at 1278.

23. HENRY DAVID THOREAU, WALDEN AND "CIVIL DISOBEDIENCE" 222–40 (New American Library 1960 [1949]).

24. RAWLS, A THEORY OF JUSTICE, 363–68.

25. Jules L. Coleman, *Efficiency, Utility, and Wealth Maximization,* 8 HOFSTRA L. REV. 521 (1979).

26. Herbert Simon, *Theories of Decision Making in Economics and Behavioral Science,* 49 AM. ECON. REV. 1–28 (1979); Richard Thaler, MISBEHAVING (W. W. Norton 2015).

27. HOBBES, LEVIATHAN.

28. LOCKE, SECOND TREATISE OF GOVERNMENT.

29. HOBBES, LEVIATHAN, 86–90.

30. THOMAS HOBBES, ON THE CITIZEN 12 (Richard Tuck & Michael Silverthorne eds. Cambridge Univ. Press 1997) ("Bellum omnium contra omnes").

31. LOCKE, SECOND TREATISE OF GOVERNMENT, 65–66.

32. ROUSSEAU, THE SOCIAL CONTRACT & DISCOURSES.

33. *Id.* at 3–4.

34. JEAN-JACQUES ROUSSEAU, JULIE, OR, THE NEW HELOISE: LETTERS OF TWO LOVERS WHO LIVE IN A SMALL TOWN AT THE FOOT OF THE ALPS 5–22 (Roger D. Masters & Christopher Kelly eds., Phillip Stewart & Jean Vache trans., Dartmouth College 1997 [1761]).

35. ROUSSEAU, EMILE, OR EDUCATION.

36. LOCKE, SECOND TREATISE OF GOVERNMENT, 46–47.

37. ROUSSEAU, THE SOCIAL CONTRACT, 19.

38. *Id.*

39. *Id.* at 15.

40. *Id.* at 35–36.

41. *Id.* at 54–56.

42. *Id.* at 55.

43. *Id.* at 63.

44. *Id.* at 13–14.

45. HOMER, THE ODYSSEY OF HOMER 189–90 (Richard Lattimore trans., Harper & Row 1965).

46. ROUSSEAU, THE SOCIAL CONTRACT at 18.

47. LENIN, THE STATE AND REVOLUTION.

48. BERTRAND RUSSELL, HISTORY OF WESTERN PHILOSOPHY 678 (George Allen & Unwin 1946).

49. IMMANUEL KANT, CRITIQUE OF PURE REASON 110–11 (Paul Guyer & Allan W. Wood eds. & trans., Cambridge Univ. Press 1998).

50. IMMANUEL KANT, GROUNDWORK OF THE METAPHYSICS OF MORALS (H. J. Paton trans., Harper & Row 1964).

51. IMMANUEL KANT, THE METAPHYSICAL ELEMENTS OF JUSTICE (John Ladd trans., Bobbs-Merrill 1965).

52. KANT, GROUNDWORK OF THE METAPHYSICS OF MORALS, 98–99.

53. *Id.* at 100.

54. *Id.* at 102.

55. *Id.* at 114.

56. *Id.* at 80.

57. *Id.* at 115–16.

58. *Id.* at 96.

59. KANT, METAPHYSICAL ELEMENTS OF JUSTICE, 35.

60. KANT, GROUNDWORK OF THE METAPHYSICS OF MORALS, 100–01.

61. KANT, METAPHYSICAL ELEMENTS OF JUSTICE, 43–44.

62. *Id.* at 35.

63. KANT, GROUNDWORK OF THE METAPHYSICS OF MORALS, 88.

64. *Id.* at 91.

65. *Id.*

66. *See, e.g.,* ONORA NELL (O'NEILL), ACTING ON PRINCIPLE: AN ESSAY ON KANTIAN ETHICS (Columbia Univ. Press 1975); BRUCE AUNE, KANT'S THEORY OF MORALS (Princeton Univ. Press 1979); MARCIA BARON, KANTIAN ETHICS ALMOST WITHOUT APOLOGY (Cornell Univ. Press 1995); CHRISTINE KORSGAARD, CREATING THE KINGDOM OF ENDS (Cambridge Univ. Press 1996).

67. KANT, METAPHYSICAL ELEMENTS OF JUSTICE, 76.

68. *Id.* at 78–80.

69. RAWLS, A THEORY OF JUSTICE.

70. *Id.* at 48–50.

71. *Id.* at 17–22.

72. *Id.* at 137.

73. *Id.* at 12.

74. *Id.* at 150–61.

75. *Id.* at 60–61.

76. *Id.* at 42–43.

77. *Id.* at 83–90.

78. *Id.* at 75–80.

79. *Id.* at 61.

80. *Id.*

81. *Id.* at 113.

82. *Id.* at 115–16.

83. Peter Westen, *The Empty Idea of Equality,* 95 HARV. L. REV. 537, 537–96 (1982).

84. RAWLS, A THEORY OF JUSTICE, 152–56.

第八章

1. The term derives from "Hermes," the name of the Greek messenger god.

2. Duncan Kennedy, *Form and Substance.*

3. J. M. Balkin, *Deconstructive Practice and Legal Theory,* 96 YALE L.J. 743 (1987).

4. *Id.* at 767; *see also* PATRICK ATIYAH, PROMISES, MORALS, AND LAW (Clarendon 1981).

5. PLATO, THEAETETUS, 152c6–8.

6. WILLIAM BLAKE, THE COMPLETE POEMS 128 (Alicia Ostriker ed., Penguin 1978).

7. THOMAS S. KUHN, THE STRUCTURE OF SCIENTIFIC REVOLUTIONS (Chicago Univ. Press 2nd ed. 1970).

8. FYODOR DOSTOYEVSKY, THE BROTHERS KARAMAZOV 297–316 (Andrew McAndrew trans., Bantam 1970).

9. CLAUDE LEVI-STRAUSS, STRUCTURAL ANTHROPOLOGY (Claire Jacobson & Brooke Grundfest Schoepf trans., Basic Books 1963).

第九章

1. J. R. R. TOLKIEN, LORD OF THE RINGS (Houghton Mifflin 1987).

2. HUBERT DREYFUS & SEAN KELLY, ALL THINGS SHINING: READING THE WESTERN CLASSICS TO FIND MEANING IN A SECULAR AGE (Free Press 2011).

3. Gerard Manley Hopkins, *Pied Beauty,* 1 THE NORTON ANTHOLOGY OF MODERN & CONTEMPORARY POETRY 78 (Jahan Ramazani, Robert O'Clair & Richard Ellman eds., W. W. Norton 3rd ed. 2003).

4. PHILIP BOBBITT, CONSTITUTIONAL FATE: THEORY OF THE CONSTITUTION (Oxford Univ. Press 1982).

5. Bobbitt uses the term "textual" to denote the first mode.-Ed.

6. Erie Railroad Co. v. Tomkins 304 U.S. 64 (1938).

7. Norway Plains Co. v. Bos. & Me. R.R. 67 Mass. 263 (1854).

8. Berenson v. Nirenstein 326 Mass. 285, 93 N.E. 2d 610 (1950).

9. W. B. Yeats, *The Second Coming,* 1 THE NORTON ANTHOLOGY OF MODERN & CONTEMPORARY POETRY 111 (Jahan Ramazani, Robert O'Clair & Richard Ellman eds., W. W. Norton 3rd ed. 2003).

10. Ghassemieh v. Schafer 52 M.D. App 31 (1982) (Md. Ct. Spec. App. 1982).

11. *Id.* at 38. *See* Garratt v. Dailey 279 P.2d 1091 (Wash. 1955).

國家圖書館出版品預行編目資料

像法律人一樣思考: 法學院長寫給年輕人的法學思辨與論理方法
威廉・包沃斯 William Powers Jr. 著　高忠義 譯
初版. -- 台北市：商周出版：家庭傳媒城邦分公司發行
2023.05　面；　公分
譯自: Sharpening the Legal Mind: How to Think Like a Lawyer

ISBN 978-626-318-654-5 (平裝)

1.CST: 法學 2.CST: 法學教育

580　112004603

像法律人一樣思考：法學院長寫給年輕人的法學思辨與論理方法

原著書名／Sharpening the Legal Mind: How to Think Like a Lawyer
作　　者／威廉・包沃斯 William Powers Jr.
譯　　者／高忠義
責任編輯／陳玳妮
版　　權／林易萱

行銷業務／周丹蘋、賴正祐
總 編 輯／楊如玉
總 經 理／彭之琬
事業群總經理／黃淑貞
發 行 人／何飛鵬
法律顧問／元禾法律事務所 王子文律師
出　　版／商周出版
城邦文化事業股份有限公司
115 台北市南港區昆陽街 16 號 4 樓
電話：(02) 25007008　傳眞：(02)25007759
E-mail：bwp.service@cite.com.tw
發　　行／英屬蓋曼群島商家庭傳媒股份有限公司城邦分公司
115 台北市南港區昆陽街 16 號 8 樓
書虫客服服務專線：(02)25007718；(02)25007719
服務時間：週一至週五上午 09:30-12:00；下午 13:30-17:00
24 小時傳眞專線：(02)25001990；(02)25001991
劃撥帳號：19863813；戶名：書虫股份有限公司
讀者服務信箱：service@readingclub.com.tw
歡迎光臨城邦讀書花園　網址：www.cite.com.tw
香港發行所／城邦（香港）出版集團有限公司
香港九龍土瓜灣土瓜灣道 86 號順聯工業大廈 6 樓 A 室
E-mail：hkcite@biznetvigator.com
電話：(852) 25086231　傳眞：(852) 25789337
馬新發行所／城邦（馬新）出版集團【Cite (M) Sdn. Bhd.】
41, Jalan Radin Anum, Bandar Baru Sri Petaling,
57000 Kuala Lumpur, Malaysia.
Tel: (603) 90563833 Fax: (603) 90576622
Email: services@cite.my

封面設計／李東記
排　　版／邵麗如
印　　刷／韋懋實業有限公司
經 銷 商／聯合發行股份有限公司
電話：(02)2917-8022　傳眞：(02)2911-0053

■ 2023 年 05 月 04 日初版
■ 2024 年 09 月 12 日初版 1.6 刷

Printed in Taiwan

定價 520 元

ISBN 978-626-318-654-5

城邦讀書花園
www.cite.com.tw